DIÁRIO DO *vento*

CB071763

ELISA LUCINDA

DIÁRIO DO vento

Fotografias de Vitor Nogueira

10 anos
malê

Todos os direitos desta edição reservados à Malê Editora e Produtora Cultural Ltda.
Direção: Francisco Jorge & Vagner Amaro

Diário do vento
ISBN: 978-65-85893-46-6
Edição: Vagner Amaro
Capa: Dandarra Santana
Diagramação: Maristela Meneghetti
Revisão: Valéria Lima

Texto revisado segundo o novo Acordo Ortográfico da Língua Portuguesa.
Proibida a reprodução, no todo, ou em parte, através de quaisquer meios.

Dados internacionais de catalogação na publicação (CIP)
Vagner Amaro – Bibliotecário - CRB-7/5224

R263i Lucinda, Elisa
Diário do vento / Elisa Lucinda; fotografias de Vitor Nogueira. 1. ed.
— Rio de Janeiro: Malê, 2025.
260 p.

ISBN: 978-65-85893-46-6
1. Poesia brasileira I. Título.

CDD B869.1

Índices para catálogo sistemático: 1. Literatura: poesia brasileira B869.1

Editora Malê
Rua Acre, 83, sala 202, Centro. Rio de Janeiro (RJ)
www.editoramale.com.br
contato@editoramale.com.br

A minha pátria é onde o vento passa.
A minha amada é onde os roseirais dão flor.
O meu desejo é o rastro que ficou das aves.
E nunca acordo deste sonho e nunca durmo.

Sophia de Mello Breyner

A VOZ DO vento

Rodei muitos mares mas não houve ainda mares capazes de conquistar meu peito desse jeito. O ritual de subir a duna para ir ao mar, ver o mar, sentir o mar, torna sagrada esta ecologia. É uma natureza que convoca o ser humano a erguer-se sob o sol que se ergue sobre o manguezal iluminando as peles da estrada e do rio, rebrilhando o mato ao redor, sentindo o vento garantir seu assobio. Tudo isso, só de eu escrever agora, dá arrepio. A Vila de Itaúnas me dá a impressão de que se um dia o mundo acabar, aqui só vai acabar depois. Lugar fora dos óbvios. Por isso é sofisticadamente simples. Penso que os Deuses ensaiaram as tardes aqui. Orixás se revezavam na empreitada. Se desse certo, repetiriam a magia em outros cantos do mundo. Deu. Nunca vi tarde cair tão bela. Nunca vi. Tudo se reúne em nome dela. A imensa variedade de passarinhos, as cores das asas e das flores, os ninhos, o balé de equilíbrio dos beija-flores, o vento nos coqueiros, nas alamandas, nos perfumes da fumaça do fogão de lenha, vão compondo a lindeza da tarde. Por causa do que ocorre com a minha literatura aqui, por causa do modo como ela se me apresenta aqui, é que percebi um dia que havia um arsenal de poemas escritos, produzidos, brotados desse lugar especificamente. São poemas que só dão nesse território. Precisam dessa geografia para existir ou para nela serem pensados. Até sérias reflexões sobre as cidades grandes eu fiz daqui. Essa é a riqueza. Olhar o mundo sob esta ótica, desse ângulo. A partir deste reino.

Como o Vento dessas paragens é o ator responsável pelo movimento das areias e marés, e é andarilho, achei que era ele também o grande escritor, o grande arauto, o precioso narrador. Isso ficou mais nítido quando percebi que desde a primeira vez que pousei nesta vila, no tempo da ponte de madeira, em que a gente só tinha o restaurante de Dona Lucy e o Canto do Tiê de Naelson para tomar café, percebi logo que o Vento é que era o saci daqui. Invisível, sapeca, brincalhão, erê. Vi.

Desde que meus olhos se deitaram por essas bandas fiquei tramada. Minha alma se bordou aos enredos de tal paisagem e nunca parei de fazer versos aqui em forma de manada. O rebanho de inspirações costuma tomar o poder quando piso aqui, quando chego, quando volto e pouso na principal casa física do meu sonho. Um dia, Juliano, meu filho, sugeriu que eu tivesse um gravadorzinho e dele me valesse enquanto surgiam os poemas nas bicicletas, nas caminhadas, nos mergulhos, nas escaladas pelas montanhas de pura areia. Feito. Gravei metros e metros de pensamentos. Uma espécie de diário oral das minhas impressões desse espaço mágico. Passado o verão, me dispus a encomendar a transcrição dos áudios. Quase nada pode ser transcrito. Quem estava lá? Ele. A voz dele no fundo de tudo, e muitas vezes cobrindo as minhas palavras. Era dele o diário. Estava ali, explanado. O diário era sobretudo do Vento. Restava-me humildemente traduzi-lo. Daí brotou o título desta coletânea de poemas nativos. São poemas curumins, itaunenses, inéditos e capixabas. Nasceram do rio, do mar, das chuvas, das noites de lua cheia, dos silêncios, do deserto escaldante de bicicleta sobre a estrada até a trilha dos pescadores, até Riacho Doce, esta ponta fascinante do nosso Espírito Santinho, de cuja margem já se pode ver a Bahia.

Nesse coletivo de versos preservei também certa pegada de prosa poética. O que pude pescar no gravador era também um testemunho cotidiano do que me acontece na alma, de quem eu sou e do que sou quando estou neste mato. Daí, compartilhei com meu amigo Vitor Nogueira a ideia e o convidei, exímio fotógrafo que é, para deitar também a lira do seu olhar junto a estes versos. Eu já era sabedora do seu acervo. Uma riqueza. Vitor fotografa Itaúnas há mais de três décadas bem como eu extraio poemas dela. As fotos são a poesia dele. Sendo ele da curiosa linhagem de Hermógenes da Fonseca, Orlando Bonfim e Rogério Medeiros, e um grande artista, assíduo e disciplinado colhedor da beleza das cenas, foi muito natural o complemento de nossas obras. Há um diálogo livre, natural, entre as palavras e as imagens que se encontram no amor que nós temos pelo mistério desse lugar de exuberante natureza. Esses poemas foram paridos neste paraíso. São filhos daqui.

Agora, temos publicado este mimo que oferecemos como um passeio emocional e encantado por estas bandas, como uma viagem da imaginação, como um ensaio de olhares. Se eu pudesse, andava com a paisagem desse reinado pendurada no peito. Mas, como não posso, levo-a dentro de mim e ofereço essas prendas nascidas aqui como gratidão, um jeito de retribuir o amor que recebo desse ambiente. A Vila de Itaúnas nos acalma. Tem crianças que brincam no rio. Tem cachorros sem medo deitados nas ruas. Tem gente querendo namorar. A Vila de Itaúnas produz paz. O mundo precisa de sua existência para prosseguir.

Bem-vindos ao Reino de Itaúnas e boa viagem. Quem nos conduzirá aqui é o protagonista, o Vento, o verdadeiro senhor deste lugar, o cúmplice. Foi seguindo o canto da sua voz que nasceu este diário poético.

Elisa Lucinda, outono de 2024.

São Benedito está contente
de ver a nossa união,
nós não temos preconceito
nós somos todos irmãos.

(versos do Ticumbi)

Itaúnas, como falar de você, meu "Principado", sem falar do encantamento que você me fornece em todos os seus momentos e recantos? São infindáveis os seus ângulos de beleza, de cultura, de histórias.

Por isso te fotografo tanto.

Fotografo como se colecionasse imagens sem fim dos grãos das areias de suas dunas, gotas de seu rio seu mar e chuva, folhas de suas árvores, penas coloridas de seus pássaros, escamas de seus peixes, polpas e sementes e caroços de seus frutos deliciosos, golfadas de seu vento ora forte ora brisa, mas sempre acarinhando peles. Suas luas e seus sóis capazes de serem vistos ao mesmo tempo no nascer e no poente de cada um. E, também, cada uma das fitas e grafias coloridas que enfeitam as fardas, as saias e os cocares de seu folclore, o Ticumbi, o Alardo, o Reis de Boi, o Jongo e, sobretudo, o sorriso de sua gente.

Território dos quilombos Sapê do Norte, Angelim, Linharinho e tantos outros, sua negritude, seus Reis de Congo e de Bamba, guerreiros resilientes que com espadas, pandeiros e versos me alcançam e me fazem devoto de seu Santo Preto, o São Benedito.

Por isso te fotografo tanto e há tanto tempo.

A primeira vez que te vi, fui guiado pelo mestre folclorista Hermógenes Lima da Fonseca, o mais que humano homem sábio de sua gente e chão, também chamado Mestre Armojo, pelos iguais como ele. Foi, como se diz, amor à primeira vista.

Fotografar Itaúnas é como fotografar a mim mesmo.

Itaúnas são vários poemas!

E como não poderia deixar de ser, Ela atrai facilmente com seu mágico encantamento, os poetas. E atraiu Elisa, minha querida Lucinda linda de tantos anos. E juntos fizemos juras de amor por Itaúnas. Nossas testemunhas são minhas imagens e os seus encantadores versos que agora compõem este livro, gestado por ela, fruto de nosso amor por essa nossa terra e gente.

Vitor Nogueira

Sumário

Capítulo I

Dona Duna 19

Memória do vento 21

Farelinho 23

Viagem ao sol 25

Rumos 27

Tartaruga sagrada 31

Página de prosa 34

Compromisso 39

Palavras de dona Concha 41

Capítulo II

Pescador de mim 43

Vozes d'água 44

Aula presencial ... 46
"Parece uma coisa" ... 48
Pescador de mim ... 50
Netuno ... 53

Capítulo III
Poemas ribeirinhos ... 55
A oferenda ... 57
Encanto ... 59
Ponte feliz ... 62
Lavagem ... 64
Palavras de um rio quando dodói ... 68
Encantado ... 70

Capítulo IV
O vento na face da noite ... 73
É o Sul ... 74
Origem ... 76
A mira ... 77
Pedido a uma estação ... 78
Fios de conta ... 80
A travessura ... 81
A cabana ... 82
Dono do suspiro ... 84

O vento na face da noite 86
Fundamento de um lugar 87

Capítulo V
Saias de Yansã 89
Visagem 91
Oração sem sujeito 93
Oyá lambe a cria 95
Chuva clarividente 96
Chove 98
Diário dos dias no reino 100
Tambores do céu 104

Capítulo VI
Canto do Sofrê 109
Canto da página que ainda não escrevi 111
Camarim da vida 113
Imprecisa arquitetura de um poema 115
para o engenheiro da esperança 115
Teu nome 119
Saudade do meu pai 120
Santo remédio 122
Motivo 125
Plano sequência 126
Canto do Sofrê 128

Capítulo VII

Longe da cidade grande 131

Árvore 133

Lira interior 135

Eis me aqui 137

7 voltas 140

Veneno nas águas 143

Fogo nos racistas 145

Regalia 147

Força do desejo 150

Longe da cidade grande 153

Capítulo VIII

Fotogênica Poesia 155

Película 157

Aos retratistas com amor 160

Escrito nas estrelas 162

Sem medo 165

Do mesmo povo 167

Caminho de Oxóssi 170

Double face 173

Destino 181

Telas 182

Veja 184

Álbum Sensorial 185

Capítulo IX

Toque de Brisa 187
Passageira 188
Cabeça de vento 190
O sopro da vida 191
A lição 192
Estrela da noite 194
Felicidade 196
Gesto de brisa 198
Tempo presente 199
Amor na casinha itaunense 200
Salve os erês! 202
Onde a passageira habita 204

Capítulo X

Quem vigia o poeta 205
"Eu passarinho" 207
Aproveitamento 209
A poeta criadora da vida 212
Poesia 216
A contadora 218
A criaturinha 219
Desobediente 222
O papel 224

Poema da manhã nova.......226
Quem vigia o vigia?.......228

Capítulo XI
Alma Ticumbi as lições da aldeia.......231
Rolê.......233
Pela estrada afora.......236
Explicador da natureza.......240
Pedido à tarde.......243
Ticumbi.......246
A receita.......249
Meu São Longuinho.......250
Carta ao jardineiro 2.......253
Vou-me embora para Itaúnas!.......257

CAPÍTULO I

Dona Duna

O tempo tem me ensinado a escrever na areia
e ele mesmo tem grafado com gravetos suas marcas em mim.

Chico César.

Memória do vento

Em mim ele caminha.
Sobre mim cria, varre, rastela, desenha, escreve.
Sou sua página,
seu caderno de pensamento,
estou exposta ao seu pincel,
serigrafada em sua pele,
tramada ao seu perfume,
entregue à caligrafia do tempo.
Me chamam a dona daqui,
mas quem sou eu sem o vento?
Com ele avanço, me disperso a cada momento.
No encalço da alvorada e do crepúsculo que brilham no firmamento,
configuro os meus movimentos.
Seja o destino uma jornada sob o sol escaldante,
ou chuva cinza sob céu relampejante,
tudo acontece aqui.
Tudo ocorre sobre o meu território,
no teatro de minha carne,
no tatame do meu deserto,
nesse desertume que é meu corpo,
em ondas, em curvas, em cumes.
Na beira d´água a espuma vem beijar-me,
eu, sua areia.

Entra em mim. Se mistura.
Enquanto nada tranquilo na tarde,
o cardume dourado,
guardo as palavras do vento em meu dorso.
Por causa do desmatamento,
na asa dele avancei sobre a cidade antiga,
soterrei.
Agora, sou a Dona Areia, a granulada, a invisível,
a que não para, a que caminha, voa e ninguém vê.
Vou com ele de mãos dadas,
sou dele testamento.
Vou seguindo atenta, lenta e desvairada.
Sou caderno do vento.
Existo antes do vidro
e pelas mãos dele sou tatuada.
Quem escreve é ele.
Me respeita.
Sou escrita dele
em douradas miçangas espalhadas.
África dele.
A letra dele bordada.

Farelinho

Musicado por Gabriel Mercury

Sou grão de areia,
mais que isso é viagem.
Mais que isso é sobra,
excesso.
O tempo ronda com suas dobras e renovas.
Me cobra o dever não feito na antiga esquina
e reverbera o caminho da terra fina
pelas estradas em que sou grão,
sou nada.
Farelinho de areia misturado
ao amarelo ocre das dunas.
Sou fagulha de onda na praia,
cachinho de espuma.
Sou nada.
Coisa nenhuma.
Sou grão de areia,
mais que isso é viagem.

Viagem ao sol

Saio cedo na intenção da aurora,
saio cedo sem olhar a hora.
Subo a duna alta com a areia ainda fria,
dourada senhora.
Ele já despontou, o rei,
e sabe de mim, sua freguesa.
A pontualidade natural da natureza
me orienta e desgoverna.
O que testemunho são os primeiros raios de um sol novinho
que, mesmo inexperiente, não erra.
O reizinho iluminando o mar de ondas meninas.
O afeto que se herda.
Escrevo isso e sinto um sotaque de Moraes Moreira
nasalizando as palavras deste meu agora.
Ninguém sabe por que as coisas se conversam,
ninguém sabe ao certo onde a raiz de uma cena mora.
Enquanto isso, um dia novinho já me olha,
depois engatinha sobre minha pele,
onde se comemora.
É possível senti-lo, pássaro quente,
presença leve, dourada sobre mim.
Subo a duna, gerando novos sonhos e pensando nos que tive.
Resplende o brilho na minha íris,

quão luminoso nasce o que um dia só vive;
tão esplendoroso morre o que se põe para dar lugar ao dia seguinte, seu irmão.
O sol raia na minha cara.
O sol enche minhas mãos.
Acorda pálpebras e cílios,
me acentua a melanina,
ensinando-me a caminhar no presente.
Deixando brilhar pela indicação dos reflexos dos raios no chão.
É isso, minha gente, tudo aqui ocorre na divisa da Bahia.
Tudo aqui é lindo, é raro, é inédito e não é ficção.
Parece que me deram um cachimbo,
alguma coisa ofertada
por um velho índigena ancião.

A vida é de verdade, certa, simples e é pura doideira.
Em minha cabeça parece que toca um Moraes Moreira.

Rumos

É manhã nova.
Já comecei outros poemas assim, parece.
Mas nunca repeti manhãs.
Acordo pouco depois dos passarinhos
e me dá um enorme contentamento estar aqui.
Estar viva.
Estou contente pela dádiva de existir,
pelo milagre da natureza,
diante de tantos perigos.
Hoje é o quarto dia na aldeia.
Não é justo partir, justo hoje,
porque agora é que começa o remanso,
o desfrute de um corpo mais bem banhado de sol,
de água doce, de água salgada, areias e céus estrelados.
Hoje, a cidade que gruda em nós praticamente deixou a gente
e já começa a acontecer uma súbita calma.
Um relaxar no pé do acelerador, despressionamento geral.
Avariou-se ou perdera-se o botão da pressa.
O controle.
Escrevo enquanto espero pacientemente a maré baixar.
Tá quase pra mim. Não me agrada caminhar ou correr em praia torta.
O tronco sente, a coluna claudica.
Pronto. Hora de ir.

O vento me conduz.
Não estou só.
Alguns banhistas começam a pontilhar
como sombras sobre o prata azulado da fina camada de água.
A última camada, a película,
espelho líquido que não escorre pois se entranha nas areias,
é por elas tragada.
Amanhecerei mais forte na cidade grande, amanhã, entre frenéticas buzinas.
E serei outra, um dia depois dessa que
escreve a respeito de um futuro tão próximo
e que também será passado depois de amanhã.
Somos frenéticos fazedores de efêmeros presentes.
Por isso escrevo, para que as coisas anônimas não se percam na poeira dos dias.
São poemas dos momentos, fotografias.
Estou de mãos dadas com as coisas, os tempos, os movimentos.
Vamos juntas para o que será.
O lanchinho do passeio desta quinta-feira
é de manga rosa do pé.
Tem também carlotinha,
inhame cozido com fio de azeite e sal,
mais água de coco, a divina maravilhosa.
Viver é gritar presente.
Presente, fêssora!
Respondo alto, dará para se ouvir no arrebol.
Viver é fazer presentes.

É estar presente.
Fazer-se presente.
Vamos para os lados do sol.

Tartaruga sagrada

O casco sagrado de Nossa Senhora de Itaúnas
nos cobre várzea,
paisagem,
firmamento.
Nos protege dos edifícios,
nos eterniza à irmandade das dunas,
nos livra dos acimentados estacionamentos.
Terra nenhuma pode esperar melhor convés,
melhor atendimento de prece do que esse:
o futuro reserva vida presente patrimônio,
saúde da humanidade!
A tartaruga pura, em seu manto-casco sagrado,
embora não virgem, é santa por sua ordem in natura,
sua disponibilidade de ovos,
seu motivo de ancestralidade e fartura.
Paixão biológica que nos garante sossego,
chuva certa,
vento livre,
rio banhado em óleo de lanolina, pedra, matéria, irmã e prima.
Nossa Senhora do Casco Sagrado, protege as meninas de Itaúnas,
nos garante as restingas
e não subestime as coisas da Vila,
suas crianças e seu bicicletal compasso.

Ó, Nossa Senhora de Itaúnas,
sob o teu sagrado casco,
meus dias passo.
Aqui respiro,
aqui renasço.

Página de prosa

Aí temos um pôr de sol:
a bola incandescente caindo na beira do fim da terra,
que é onde a vista alcança e acaba,
e os poetas, os escritores, os fotógrafos das letras
que se virem para conseguir traduzir em verbo tamanha materialidade.
Há um luar que me chama aqui, mas acabo de chegar da cidade
e ainda não posso me entregar, plena, ao seu viés,
pois outros temas me convocam.
Lá na realidade tem:
um presidente capitão envergonhando,
o assassinato de Marielle envolvendo milícias parlamentares,
o ministro da justiça ignorando os milhões de Queiroz,
a ameaça da legalização das armas,
o atentado contra as conquistas dos direitos humanos,
o feminicídio galopante,
o homicídio de povos indígenas,
o racismo saído do armário,
as necessidades das desconstruções do que é masculino tóxico,
até aqui.

Mas estou em Itaúnas, o que posso fazer?
Sou um grão de areia misturado ao amarelo ocre das dunas.
Há um rio que nasceu muito antes de mim,

correndo em volta da vila que me ampara.
Há o mar que me exige pernas firmes para que possam alcançá-lo,
para que eu esteja à altura de sua bravura.
Estou aqui, cercada de comunidades quilombolas,
todo mundo esperando o barco chegar com flores, tambores, pretos velhos,
senhores, crianças, senhoras,
todos com chapéus coloridos enfeitados com rosas de papel crepom.
Tudo isso meu coração aguarda como se eu fosse Rosinha, a mulher do pescador,
sentada na areia, olhando para as ondas, esperando o barco do amor dela apontar na praia.
Assim espero o Ticumbi chegar com seus pandeiros, rompendo a aurora,
tendo atravessado a madrugada cantando seus afro-mantras a noite inteira, sem parar.
Sou de São Benedito e no dia de São Sebastião
tudo é tão misturado aqui que não se pode duvidar.
Fiquei reparando nas saias brancas rendadas dos homens dançando a cultura popular,
pensando em quanto equívoco há em quem pensa o feminino e o masculino
a partir das cores, rendas e fitas.
Desculpem, meus amores,
mas é que "estou no colo da mãe natureza
e ela toma conta da minha cabeça".
Aqui perco a pressa, não tenho que pegar uber,
metrô, táxi, horário de reunião, do avião, do post, do evento.
Aqui no reino de Itaúnas percebemos que o dia rende.
Sem a urgência, observamos como a cidade grande também nos adoece
e como a gente entende quanta besteira faz em nome daquela afobação.

Penso isso,
estou indo ver a aurora da lua
quando a noite chegar depois do crepúsculo,
e quero poder só escrever sobre isso.
Dar testemunho do fato de ser criatura sob este luar.

Não sei dizer agora como explicar.
Era um lusco-fusco de matar.
Era luz de sonho, minha máquina não conseguia fotografar.
Deixou-se, então, na conta das palavras tal incumbência.
Pois bem, a luz é cor que não se encontra.
Nem adianta procurar.
Deve ser por isso que se inventa.
Por desaforo de não se poder copiar.
Aquele tom não se encontra na caixa de lápis de cor.
Não é sépia, mas parece que se sonhou.
É azul, mas tampouco é futurista, meu amor.
É sempre inédito.
Há sempre algo que eu ainda não vira.
Milenar, me chama o espetáculo maravilhoso,
me assombra este antigo sucesso de bilheteria!
Tanta luz que alguma voz gritou na noite a brilhar:
Uai, asminina, manheceu?
"Vêde, é dia já".
Ouvi essa fala de uma das veladoras de O marinheiro, de Fernando Pessoa,

dentro de minha cabeça.
Coisa doida.
A minha sombra me acompanhando nas areias, mas eu própria não me via.
A lua cheia deste dia, que tinha passado a noite anterior sendo de fogo,
cintilava no comando da orquestra dos sapos e grilos,
e ao som mudo, rastejante, dos invisíveis répteis e anfíbios.
O domínio das corujas reluz na impressionista paisagem desértica,
ornada, de uma vegetação vistosa, delicada,
sobre a cabeça de dona Duna feito uma tiara.
Marcinha afirma que na noite da lua vermelha
estavam no céu, vizinhos, Júpiter e Vênus,
rebrilhando como se fossem variações da lua também.
Contou isso e os olhos azuis se transmutaram nos planetas.
Tive medo dela.
Aconteceu sim, Kika, a indígena, confirmou tudo.
Não era alucinação.
Explicou que a luz não era analfabeta e escrevia com imagens.
Estávamos todas ali debaixo do mesmo céu.
Eu estava na cena e não era sonho.
Eram nove mulheres de areia e eu era uma delas.
Vou dizer a verdade: nem toda metáfora mente.
Dava pra pegar lua e estrela com a mão.
Todo mundo.
Quem quisesse.
Estou calma.

A poesia toma conta da minha alma
e desde que aqui chegou, veio pra ficar.
Acho que você precisa ver o luar.

Compromisso

Marquei praia comigo,
por isso não poderei estar contigo, amor.
Marquei praia comigo,
por isso declino do convite
para o dia de amanhã.
Combinei com a tarde de tarde
e não quero chegar tarde.

Palavras de dona Concha

Eu estava sob teus pés,
mas tu te dobraste, me colheste,
e agora tu me equilibras
sobre tua palma.
Ó, viajante,
porque trago movimentos,
mensagens,
apreensões do vento
é que me escutas.
Porque trago memórias
cantos, lamentos, melodias e lutas...
É por isso, viajante, que me queres
e que me escutas.
Sou arauto de Yemanjá,
mensageira do território líquido.
Trago ondas, mistérios, palavras, cartas, travessias.
Sou comunicação,
enfeite, louvor, oferenda.
Ó, querido viajante, me entendas,
trago a presença das ausências,
sou assim,
por isso me escutas.

Sou pequena,
nota diminuta
do universo,
quase mínima,
nota bruta,
nem se nota,
sou minúscula,
meu poeta, sou assim.

E, se tu me escutas,
é porque trago o mar em mim.

CAPÍTULO II

Pescador de mim

Para onde segue esse rei convulso?
Para quem trabalha esse deus de sal?
Que abismos velam seus navegantes?
Por que não se gasta?
Por que não se cansa?
Que rei é esse feito de humores?
Para quem despe todo esse azul?

Salgado Maranhão

Vozes d'água

Daqui dá pra ouvi-lo sem parar.
Contínuo.
Ininterrupto.
Reto ao fundo,
e ao mesmo tempo circular.
A melodia da imensidão.
Um instrumento imenso sob o céu,
reverberação constelar.
É uma espécie de imenso canto de ninar.

Ouve-se seu movimento.
Imagina-se a extensão das altas ondas
ou a tranquilidade das águas leves a serenar.
Escurece o azul.

Pouca gente vê à noite o velho mar.

Seu som sem parar
atravessando a madrugada,
até pra além do alvorecer,
até pra lá do fim de todo luar,
os da aldeia chamam de silêncio.

Aula presencial

Uma fina película prata
cobre com delicadeza a pele do mar.
"Nada mais a declarar",
eu poderia escrever apenas isso,
para o poema aqui acabar.

Mas não.

Há uma névoa sobre as coisas
e só ao fundo de tudo que
despontam as lições do mar.
Ondas.
Funduras.
Alturas.
Espumas.
Sais.
Peixes.
Temperaturas.
Exercício de respirar,
Exercício de boiar,
Exercício de nadar.
Fim do poema.
Hora de estudar.

"Parece uma coisa"

Seu Honório pescador
me contou que a cisma dele é que,
no dia em que lá nos Estados Unidos,
dois aviões explosivos,
derrubaram um duas torres de dinheiro deles,
aconteceu aqui algo igual ou pior com ele.
"Ói, Elisa, parece até uma coisa:
nesse dia não é que apareceram também
dois buraco grandes na minha rede?
Credo, me deu até sede
a bruxa tá solta,
duas torre, dois rombo na rede,
a vida tá é doida,
parece até uma coisa."

Pescador de mim

Me chamou pruma conversa.
Marcou lá.
Fui.
Me disse cada verdade.
Ui.
O mar é meu conselheiro.
Suas ondas na minha cara se renovam,
enquanto as conversas desenrolam seu brilho de renda
formando a barra da saia dele,
antes da espuma.
O mar é um Orixá.
O daqui exige pernas para as dunas,
músculos dispostos à força das areias,
e preguiça nenhuma
caso se queira realmente ver o mar
ou se necessite muito.
Era meu triplo caso.
Queria.
Necessitava.
E era também um chamado.
O mar me convocou
pruma conversa ancestral
e foi me levando em sua onda que flui.

Ui.
Bateu.
O mar me beija a boca
e pesca eu.

Netuno

Venho e vou.
Bato meu peito no dorso das rochas.
Me estilhaço em maços de horas,
buquês de jorros e pingos.
Em minhas costas ttransporto barcos,
pescadores sonhadores
que desejam alimentar a família,
calar a fome e a sede.
Em minha carne se entranham redes.
Homens, mulheres, sereias, botos, seres.
Em minha carne de água
se banham inacreditáveis peixes de variados tamanhos.
Sou eu que me lanço sobre as pedras
e com o tempo as esculpo,
sou a erosão delas.
Sem me ausentar,
sou viajante calmo e inquieto,
paciente e bravio.
Venho e vou
sem nunca sair daqui
e sem você notar.
Estou sempre lá onde você me deixou
e aonde volta a me procurar.

CAPÍTULO III

Poemas ribeirinhos

O rio da minha aldeia não faz pensar em nada,
quem está ao pé dele,
está só ao pé dele.

Alberto Caeiro

A oferenda

Na beira do rio, veio a mãe e me ofereceu seu filho.
"Toma meu dengo, Elisa, você vai saber criar,
vai dar palavra pra ele comer,
livro pra ele ler, meios pra ele estudar,
pensamentos para se desenvolver, inventar.
Eu não tenho essa condição.
Te entrego essa criança, minha rainha, na sua mão".
Oferecia seu fruto à minha vida de privilégios.
Não era brincadeira, não.
A mirada do inocente em desamparo,
com menos de um ano de idade,
flechava meu coração.
A mirada do menino percebia o pêndulo do seu destino.
As lágrimas dos olhos dela inundaram as bordas dos meus.
Ela sabe que na vida dela não tem as facilidades do mundo meu.
Éramos duas mulheres ali, na beira do reino de Oxum,
a poucos metros de Yemanjá,
separadas pela escrotidão da justiça humana.

Não posso aceitar seu menino, mulher!
Vejo ele bem cuidado, alimentado, banhado,
aconchegado em seus braços...
Todos vamos sofrer,

e vocês dois mais do que ninguém.
Ela amava aquele neném.
A lágrima dela acabou de cair,
a minha não parou mais de rolar.
Era de tarde e estávamos juntas na paisagem,
a dor e a beleza.

O desespero da pobreza,
a desesperança dos excluídos da cidadania,
as portas fechadas,
o desamparo popular,
cobrindo a alma dela com tamanha tristeza,
fizeram com que aquela pobre mãe
pensasse em me ofertar sua única riqueza.

Encanto

Qual será a idade dela?
Que porte tem tal realeza!
(Penso essas coisas aqui
porque aqui tudo é, meu deus, literatura.
Um livro se escreve na minha cabeça sem pensar).
Quem pode explicar o sublime poder de uma vida de vila?
A vida oral da cidade gera muitos roteiros e é simples.
"A chuva já chegou em Linharinho".
Fala-se dela, da dona Chuva, como alguém com passos rápidos
que só o vento poderá deter, dissuadir, desviar.
Só ele saberá se teremos praia de sol amanhã.
Enquanto isso, me banho no rio sob o sol muito quente.
Desponta uma sereia linda que se banha também.
Dourado, o rio cor de bronze,
no tecido caudaloso e luminoso por dentro,
vibra.
Há uma música e a sereia dança pra mim.
Seduz meu olhar de poeta.
Bela, ela brinca, mergulha,
se mimetiza aos moinhos de água que seus mergulhos produzem
como se fosse ela própria uma variedade do rio.
Espécie de Iara.
De Oxumzinha

que nasce dentro dos seixos.
Saio do rio e ouço sua voz de encantamento.
Como é teu nome, moça?
Respondi.
E o seu?
Amanda, ela disse.
Amanda Paixão.
E sorriu.
E se deitou sobre as águas.
Deslizou alegre, nadando toda dona do mundo.
Livre, serena, ingênua sereinha.
Tinha sete anos essa rainha.

Ponte feliz

A linda ponte que já foi de madeira,
quando a gente só comia a comida gostosa de dona Lucy,
ainda existe em mim.
Sinto suas tábuas debaixo dos pés.
Chão? Tatame? Território?
Daqui avistei muitos poentes.
Ticumbi chegando nos barcos
pelo rio menino logo de manhã.
Já vi lua cheia crescendo ali, reinando
e pegando o turno que o poente passou pra ela.
São atores.
Passam o bastão.
A ponte acesa e florida para a próxima temporada.
É isto.
A ponte é passagem, palco e plateia.
Eu vi.
Eu senti.
Não sei não ser feliz aqui.

VIVER PARA
SEMPRE

Lavagem

Indígenas, negros,
tais misturas são a formação daqui.
O que fazem estes estrangeiros
querendo um lugar de mando no poleiro,
se quando aqui aportaram não eram os que aqui já estavam?
Era o contrário:
Brancos é que chegavam para nos invadir.

Olha o Rio.
As crianças curumins ao seu redor.
Não tem nada a ver com aquela imagem
clássica escolar de dar tristeza,
que é um quadro da primeira missa no Brasil.
A pintura nem quer ser sutil,
nem se interessa em disfarçar a malvadeza:
Indígenas com caras assustadas
tapando as "vergonhas"
da imposta moral inventada.
Como assim, criminalizar a natureza?
A coisa natural é que é sagrada,
é nossa própria grandeza.

Se o homem é fruto de

uma ideia de Deus nas teologias,
por que alguém se arriscaria
em cometer a heresia de dizer
que o sexo não foi Deus quem criou?

Seria uma contradição, meu irmão. Uma heresia.
Quem criou o desejo, a procura,
o encontro de corpos, o gozo,
esta loucura de emoção,
não desvalorizaria,
creio eu, a própria invenção.
Porque um deus condenaria uma ideia do próprio deus, Deus meu?
Uma insanidade.
Uma divina bipolaridade teria tomado
a mente do criador?

Deus é a favor
do sexo,
da atração,
do amor,
do prazer pelo prazer,
da comunhão.
Quer saber, Deus é a favor de nós,
é favorável ao poder da criação!

Para me atacar,
os puristas vão dizer que estou errada,
vão querer que a gente continue enganada,
sem pensamento crítico,
sem lucidez.

Mas quero que saibam vocês
as escolas precisam dizer os verdadeiros nomes dos bandidos,
explicar predicativos assim:
Querides alunes,
minhas senhoras e meus senhores,
não chamemos aqueles europeus
de conquistadores.
Pois era feito de sequestro, estupro e morte,
o método cruel de tais invasores.

Palavras de um rio quando dodói

Nasci na Bahia,
passo por Minas e vou banhando crianças,
alimentando famílias,
oferecendo meus cardumes na hora certa aos pescadores,
meus irmãos, homens que levam alimentos a outros homens.
Sou vida escorrendo entre as margens
e tendo tido que vencer barragens – cem, duzentas,
quatrocentas barragens que acabam comigo,
não consigo.
Meu finzinho é em Itaúnas, onde os curumins
sempre me trataram como o seu quintal.
Brincadeiras, mergulhos, destrezas feitas na pureza original de minhas águas.
Mais de cento e trinta mil pessoas vivem de mim à minha beira.
E a cada hora nasce mais uma pessoinha que tem direito a mim.
Socorro!
Sou nascido aqui e vivo em terras capixabas.
No entanto, venho secando, estagnando.
Estou morrendo, parece. Estou doente.
Parado não sei existir. Sou de passar.
Canaviais me sugam, eucaliptos me enfraquecem,
pastos me danam, arrasam minhas monoculturas,
desastres ambientais me secam.
Há pássaros que só viviam de minha fauna e flora

e não estão entendendo nada.
Ofereço nutrição a toda espécie.
Falo agora em nome da Mãe Natureza e em nome de quem de mim carece:
me salvem.
Estão desorganizando tudo,
a água salgada invadiu minha correnteza.
Alterou minha qualidade.
Veneno para muitas espécies minhas.
Aqui onde sou Rio Itaúnas estou definhando,
minha florestinha se acabando, tenho mau cheiro,
estou quase parado e ninguém – nem menino, nem pedra,
nem nada – nadam mais em mim.
Mesmo quando sigo manso e lentamente, sou constante no meu curso
e minha vida é corrida.
Não me matem.
Sou nossa vida.
Veja se me cuida, se me sente.
Quero que pra você meu nome seja parente.

Encantado

Então quer me ver voar?
Perguntou-me o menino na beira do rio
quando eu disse que ele parecia um anjo.
Que sim, respondi, com o coração disparado.
E o iluminadinho sarará,
cabelos amarelos crespos,
barroco barroco barroco de chorar,
pulou da pedra no ar,
e mergulhou nas águas dando rabanadas como um peixe dourado
acostumado ao conceito de que viver é nadar.

Uma chama de Deus.

Você parece mesmo um anjinho,
com estes olhos cor de mel.
Como é seu nome, menino peixinho?
Meu nome é Uriel.
Uriel, tá?
Vê se não erra.

E a paz tomou conta da tarde.
E a paz tomou conta da terra.

CAPÍTULO IV

O vento na face da noite

Se descer do céu, um dragão lunar,
manda me chamar, pelo amor de Deus.
Pois seu anjo bom, seu Ogum Megê,
seu Alabedé, sou eu.

Maestro Moacir Santos

É o Sul

Entrou o Sul.
Com ele veio o frio.
Uma chuva também se aproxima.
Tá vindo lá de Braço do Rio.
Nada podemos contra a mãe natureza.
Um só dedo dela nos degola:
A simples queda de cima de uma árvore,
uma dose mínima de um veneno de cobra,
uma tempestade raivosa de desmatamento
pode afogar muitos, matar muitos sem alimento,
um enxame de abelhas mirins,
uma só ferroada de marimbondo,
um terremoto,
um maremoto,
o desabar das pessoas entre escombros.
A chuva molha muito agora meus ombros.
No entanto sei que sou pequena.
O que sei eu?

Origem

Escrevo.
Escuto as palavras de um vento ancestral
e reproduzo aqui.
Sinto um vento que vem de muito longe,
renascido na última curva da estrada,
pra quem vem lá de Riacho Doce sob o sol quente e a pé.
Vento é um companheiro,
tem força de Oyá e é mimo de Odé.

De onde vem o vento?
Vem lá das banda do Tamandaré.

A mira

Caminhava na noite escura
pela rua deserta.
Vinha erma,
despedida da ilusão.
Até que o poeta me oferece uma canção
e atinge em cheio a chave mestra
do meu coração.

Pedido a uma estação

Outono,
bem que você podia me trazer
um pote de ouro
com meu amor dentro,
e um beijo daquele tempo
que a gente chama de prazer.
Ai, Outono, bem que você podia me trazer
um amor tão novo no pensamento que também velho pode ser.
Escutou, Outono?
Eu disse: Um pote de ouro com meu amor dentro!!!
Mas...
se não achar o pote de ouro por fora
traz só a parte de dentro.

Fios de conta

Ah, meu pai, saí de casa sem sua guia.
No vento vem a voz da verdade com a magia.
Era Oxóssi quem dizia:
Que isso, fia?
É você que é minha guia.

A travessura

O vento soprou os papéis originais
do Diário do Vento!
Menino peralta, pensei,
menino que,
achando a janela aberta,
entrou sem cerimônias e, ao ler os versos sobre a mesa,
penso que sentiu contentamento.

Ao voltar à casa
vi a cena da poesia espalhada.
Catei, agachada,
cada página com respeito e consideração.
Afinal o dono do diário naquele momento
tinha autoridade, autoria e movimento.
Fiquei foi sem graça de chamar
a atenção do vento.

A cabana

Vem dela o estio,
o prazer das estações,
o repouso do mundo.
Vem dela o perfume gostoso
na pele do vento que
envolve meu centro desde meu nariz.
Vem deste telhado de folhas de bananeira esta calma,
e nesta brisa chegam sorrindo
as palavras-poesias certeiras que você me diz.

Nela me envarando
e me orno em redes nordestinas,
samambaias e trepadeiras floridas
subindo pelas toras de madeira no meio da tarde.
Vem desta miragem meu conforto,
minha paz,
a fortuna do nosso amor
e sua deliciosa sacanagem.
Emana de suas sombras meu descanso
e brilha nos teus raios
minha vida em transformação.

Adoro o verde oliva das tuas matas,
teu jeito criativo e suburbano
de roça e de contemplação.
Por isso tenho vontade até de chorar
de tanto amor que dá vontade de te dar
quando me enredo assim,
toda feliz e quietinha
na cabana lírica do seu olhar.

Dono do suspiro

O vento é o movimento,
o movimento é vida,
o vento é a vida daqui,
é a vida das palmeiras,
a vida dos coqueiros,
é a vida do meu suspiro,
meu sopro é o canto.
Minha asa é invisível assim.
É dom do meu caderno,
meu suspiro interno,
o vento é a vida em mim.

O vento na face da noite

De noite, eu sei,
mistérios se apresentam mais à vontade.
É certo que de dia são até mais discretas tais miragens,
mas à luz da sombra compõem melhor
seus medos, mensagens.
É noite na vila.
Penso nas revelações.
O vento na noite
me traz verdades
epifanias e canções,
morcegos, batmans voadores,
intuições, temores e orientação,
é que a asa do vento da noite
também traz libertação.

Fundamento de um lugar

Talvez eu não devesse revelar
Mas aqui tudo tem parte com sagrado
e é tanta natureza aqui que estar presente já é macumbar.
E alquímico.
Você chega no rio e Oxum acolhe de tal jeito
que o sujeito fica sem jeito de desconsiderar.
Andar no mato é estar num altar.
Uma árvore é mais nossa senhora
do que se possa imaginar.
Sem contar as revelações
que aqui deram de se apresentar.
Máscaras caíram lá na cidade,
verdades brotaram para confirmar.
Impostores foram descobertos.
Traidores se tornaram réus confessos.
Só por causa da mesa do jogo.
Só por causa da causa natural.
Só por causa do divino que lambuza de mistério a vida real.
Aqui Orixás se apresentam em seus postos, seus elementos,
com suas comidas, seus ornamentos.
Aqui nesta praia tem raio na noite da Duna,
tem céu estrelado
E noite de cheia lua.

São paramentos do vento
O Exu deste lugar.
Dono dos búzios, Rei do ifá.
Essa terra tem certos fundamentos.
Talvez eu não devesse revelar.

CAPÍTULO V

Saias de Yansã

Só melhoro quando chove – Adélia Prado

Visagem

Silêncio denso.
Muda subitamente o tempo.
Surge uma névoa amarela
como um filtro na aquarela.
La vem ela.
Linda.
De vestido acinturado longo
cinza, prata, grafite, chumbo.
Lança raios
iluminando tudo rapidamente.
O estrondo faz clarão do mundo,
e tudo escurece novamente.
Ela vem lá dos lados
do quilombo do Angelí,
se apresenta agora aqui.
Vem elegante e destemida
como se estivesse despida.
Chega imponente, ventosa, girante e decidida.
Dá pra ver o plissado de sua moda,
a geometria dos traços d'água
bordando a renda líquida
da barra rendada da roda.
Eu,

toda poesia e toda prosa,
fiquei acolhida e protegida,
a noite toda até de manhã
debaixo da saia comprida de Iansã.

Oração sem sujeito

Estou em Itaúnas,
ainda vivendo o finalzinho destas deliciosas férias capixabas.
É fim de tarde e o beija-florzinho filhote tá que pula de galho em galho,
de flor em flor, bicando néctares.
Está tudo muito molhado.
Mas o passarinho não está nem aí.
De vez em quando passa um barulho longe de carro na estrada de terra.
Vozes sem nome surgem em meio à orquestra de pingos,
misturados aos sons dos passos e do impacto sobre as poças.
Cai uma tempestade.
O que ocorre lá fora é acontecimento ao qual me entrego gramaticalmente.
Trago uma oração no peito escrita no caderno antigo de estudar.
Não tem jeito, trago em mim esta oração sem sujeito.
Lá fora acontece agora essa frase tão linda e escolar e poética:
Chove torrencialmente.

Oyá lambe a cria

Molha meu pé de antúrio,
beija minhas janelas,
molha ipê, mangueira, maracujá, carqueja,
molha saião odundun, a planta linda de Oxalá,
e também molha os tapetes que forram este quintal
mais todos os jardins, no ciclo da água que é do reino de Yemanjá.
Molha aroeira, roseira, cajueiros, pitangueiras e seus frutos de estação.
Toda água vem do mar.
Molha o pé de acerola e os galhos de manjericão,
molha couve e salsinha,
e muito mais da mesma horta
cheia de coentro-maranhão.
Molha a tarde, molha as folhas do almeirão,
molha meu pé de alfazema,
acalma meu coração.

Chuva clarividente

Chove calma na noite itaunense a água celeste.
Desce delicada deslizando no ar e beijando a terra.
Vem que vem ela,
por que clamamos para que encha os rios
e deserresuma a natureza deste lugar árido e sóbrio chamado de agro,
ganância, ignorância e dor.
Chove sem favor uma chuva muito encantada na noite da vila.
Estou calma.
A carta da vida apontando mudanças.
A chuva dizendo que haverá bonança.
O mundo de toda maldade se despe.
Chove calma na noite,
vem sobre a aldeia,
benze a aldeia, ó água celeste.

Chove

Uma hora da manhã,
chove torrencialmente.
Exatamente a frase que todo ano
se estampava em algum dever de português
ensinando advérbio de modo
ou verbo intransitivo.
Chove assim.
Como naquelas linhas de caderno ativo naqueles dias subjuntivos.
Cheios de alegria natural e sem motivo.
Chove.
Molha o caderno dos meus sentidos.

Diário dos dias no reino

Primeira noite.
Encontro a Vila animada.
Uma sanfona chora ao fundo.
Deve vir dum forró pé de serra dum barzinho beira-rio.
Escuto também uma coruja cantando
toda cinza claro no céu noturno,
como se fosse uma noturna luz a revelar-se em voo para mim.
Só uma gota de chuva pinga em minha cabeça
de uma única nuvem deste céu de hoje,
com muita timidez de estrelas para o padrão daqui.
Um céu discreto.
Chove só em mim.
É pessoal.
Fumo um cigarro que um preto zulu me ensinou antepassadamente.
Primeira noite no reino de Itaúnas.
Já estou banhada, untada em óleos perfumosos e já posta para dormir.
Me preparei, embalada na chuva que cresceu,
e tomou conta da vila sem calar a sanfona soando ao longe.
Sem separar os corpos, sem interromper os pés, sem parar a dança.
É noite no reino de Itaúnas,
o físico país de meu sonho.
Mágico como o país da infância.
Voltei para casa

e meu sono é uma criança.

Segunda manhã.
O sol brilhava
sob o céu da lua nova
ao lado da pontual estrelinha.
Banho-me no rio Itaúnas.
Índia de mim, nado tranquila.
Muito quentinho o rio nesta temperatura.
Parece uma frescura que a atriz, diva, exigiu,
"que com água fria não gravava".
Esquentaram então.
Mas não.
Nada é ficção.
Aqui tudo é fixo e fluido.
No real, tudo só é fixo enquanto puder existir no presente
ou tramado à memória da gente!

Terceira tarde.
Tenho muitos cadernos com diários começados aqui.
Começo muitos
assim que chego.
Dessa vez vou escrever sobre cada dia,
tudo que se passar e puder ser diário de poesia.
Prometo sempre ir até o fim.

Mas que pássaro é esse
que pia, como zombando dos outros, mas a chamar por mim?
É aí, é nesse ponto aqui
que eu vôo...

Tambores do céu

O que tamborila lá fora
não é corda
mas balança,
não é violino ou cello
mas dedilha,
não é piano, mas tecla.
O que repica sobre o telhado,
o que nele ponteia
como um romântico martelo
não é a genialidade
percussiva
de Naná Vasconcelos,
embora pareça com sua inventice.
Também não é o sincopado violão do maestro Luís Felipe.
Aquelas mãos de repique
na força de leão
de nossa Leci Brandão,
tambem né não.

O que tamborila lá fora
não é o côco de Negadeza,
a lira que não desafina
nem as divisões, a coisa mais fina do lindo vozeirão de Clementina.

Estou falando com certeza,
meu mano,

que o que agora lá fora tamborila
não são os guizos
de Robertinho Silva
e seu tambor de banzo,
e tampouco é o precioso pandeiro
de Marco Suzano.
Não, é de outra gira este baralho.

O que se ouve lá de cima
podia ser Lan Lan
com seu chocalho,
parece o comando sem ensaio
das palminhas líricas de Beth Carvalho.
Não é a ginga da madrinha,
nem a pontual magia
de Pretinho da Serrinha.

Não é o som do Ticumbi do Bogado,
Também não é couro de congo
nem batuque de jongo,
e, como instrumento,
Inda não está catalogada.

Vem do céu, trepida, cai,
se lança, se joga, se parte

aquela que, numa certa parte,
encanta e assusta.

É a chuva
e sua arte.

Esta orquestra organizada
em várias partes forma um
estandarte.
O bumbo do búfalo ao fundo,
os pratos finos
das asas da borboleta,
eu sendo um pouco rima,
eu sendo um pouco letra,
também toco a batucada de cabeça.
Ouço a música
nos telhados das janelas,
no tilintar das platinelas.

O vento roça na cancela
vê minha alma e beija ela demorado.
Tá chovendo meio de lado,
eu na varanda,
a comida na panela.
O que tamborila lá fora
é ela.

CAPÍTULO VI

Canto do Sofrê

Um pássaro livre salta nas costas do vento
e flutua com a corrente até onde ela acaba,
e mergulha suas asas
nos raios alaranjados do sol.

Maya Angelou

Canto da página que ainda não escrevi

Mesmo escrevendo
descobri mágoa guardada em mim.
Descobri grandes raivas calcificadas
mesmo fazendo poemas.
Descobri lágrima guardada
Choro engolido.
Ofensas caladas.
Um conluio feio de não perdões,
agarradinhas num feixe suas hastes,
morando em mim,
produzindo hérnias.
Mesmo escrevendo
ainda resistem os chutes não dados
o palavrão não dito,
o desaforo prescrito,
a humilhação não rebatida,
a memória da lâmina do assédio,
o arder de seus cortes fundos,
as sequências de abuso,
as manipulações,
as suspeitas indevidas,
tudo sem a pronta resposta
da parte atingida,

Tudo enfiado goela abaixo
na garganta de minha vida.
Meu deus, como aguentei tanto?

Por isso canto.
Pra isso canto.

Camarim da vida

Talvez as cinzas
sejam lágrimas da chama,
Lágrimas secas do que já foi língua de fogo,
e agora é esta poeira escura,
este talco estranho parecendo fim.

Fênix sabe das cinzas como útero, casulo,
porto de renascimento.
Ressurreição de mim.

Imprecisa arquitetura de um poema para o engenheiro da esperança

a Lino Antônio

Até agora a expressão "In memoriam",
ao lado do nome do meu irmão no convite, me
fatia em lâminas, atingindo em cheio meu ninho de lágrimas.
Só depois que passa é que aparece, consolador,
o pensamento de que ele queria tanto a formatura da filha médica,
o que agora é real.
Seu nome está ali, lembrado no fundamento,
porque sem sua loucura sonhadora,
sem seu otimismo exacerbado,
isto talvez não fosse possível e nem todo seu amor ele teria nos derramado.
Mas só depois este pensamento vem.
Quem bate primeiro e constantemente à porta do meu coração é,
no entanto, o som das palavras-gumes em latim
a escrever ausência no convite.
A ausência marca a presença da ausência e está presente.
Os mundos nos quais nos encontramos agora não se relacionam
por transitação entre portais,
mas transmutação.
Somos uma intersecção de seres,
afirmava ele sorridente e convicto.
Gostava de grifar isso e de nisso crer,

o renovador de esperanças!
Então, eu sou ele, com seus filhos, o meu,
a mulher que ele amava, os amigos
e os desdobramentos incalculáveis do afeto e suas bonanças.

Pronto.
Meu poema desabafo desandou.
Tinha começado meio torto,
embora sincero, tentando descrever o tipo de corte de uma expressão em latim,
indicando o póstumo das pessoas.
Coitado do meu poema triste,
ficou sem ritmo,
nem num pouco de rima sabe ser.
O que fazer?
Quem manda neste cavalo,
a não ser a entidade poema,
o Orixá poema,
o Deus poema?
Começou com um grupo de duas palavras
que não conseguiram se dissipar
desde que se juntaram para formar a tradução do impacto:
In memoriam.
Pronto, meu irmão apareceu morto no convite.
Quando a gente vê escrito,
virou verdade.

Por isso que o pessoal acredita tanto em literatura,
porque está escrito.
Depois é que vamos saber que, fora dali,
quem escreveu não tinha irmão era nada.
Inventou tudo, até a dor.
Na revista se exibe: inventei tudo,
confessa o autor.
Mas eu aqui não.
Tô inventando nada.
O teatro da vida me pôs na calçada da saudade,
na negação do real, na incredulidade:
Não, ele não morreu.
Está aqui.
Caminhamos juntos pelas ruas da memória que não morre nunca.
Está aqui
no meu coração desde eu menina, garotinha, gotinha pequena.
Está aqui comigo.
Estamos em meio à alquímica cena.
Estamos nós, irmãos, a quatro mãos,
compondo este poema!

Teu nome

Pela primeira vez,
escrevo teu nome
no caderno, numa página.
Pela primeira vez,
deslizo caneta sobre a folha branca
e algo em mim prova do nosso silêncio
com certa relutância.
Fico quieta,
mas é como se estivesse fora da minha dieta.
Pela primeira vez escrevo teu nome,
risco no papel meu reclame.
Mas não escrevi teu nome.
Mesmo sem ter escrito teu nome neste novelo,
mesmo sem escrevê-lo,
é teu nome que escrevo.

Saudade do meu pai

A voz.
A sabedoria.
A pontualíssima alegria.
Saudade do meu pai.
Seu amor à pátria.
Sua honesta simpatia.
Seu regador de esperança.
Sua não covardia.
Fico quieta.
Escuto a memória de sua fala
como uma espécie de seresta.
Dentro de mim está seu tratado
num escrito de vozes.
Como em uma orquestra.

Santo remédio

É triste a briga de amor.
Aparece logo o seu inacreditável avesso.
Desintegra na hora, na nossa cara, a tela líquida da ilusão.
Choro.
São de lágrimas estes versos.
Nadar até o outro,
navegar no mar da emoção com suas ondas altas
batendo firmes no equilíbrio de nosso eu,
este barquinho de papel
metido à beça,
metido a besta.
Hoje esbarro nas quinas do cotidiano.
Bato cabeça.
As soluções não se apresentam rápido
dentro do difícil instante.
Todo mundo fica bobo ali, ignorante.

Briga de amor é o filme só dos contrários.
Se debatem,
Se chocam no ringue do difícil instante,
Com seus discursos delirantes.
Eram líricos amantes os que agora são otários.
Que pena ver o desencontro,

encarar o amor cru,
despido de seu perfume,
perdido do itininerário,
destituído do encantamento
que lhe parecia a carne,
não só a atraente brilhante cobertura.
Loucura.
Parecia ser só
música, música, música,
nunca também partitura,
que é a teoria da beleza.
Briga de amor quando desnutre
exibe os pratos vazios
e a descompreensão é posta à mesa.

Felizmente escrevo.
Tudo doía mais quando comecei esta invenção.
Agora aliviou um pouco a dor.
É que o remédio é o poema,
na minha farmácia de manipulação,
no meu laboratório de inspiração.

Motivo

Estamos nos separando
por excesso de palavra guardada.
Estamos nos separando
por ausência de palavra falada.

Plano sequência

A tarde quieta
na estradinha reta.
As duas bicicletas,
o sol garantindo o clareio,
o amor,
no equilíbrio da balança
o prato das frustrações está muito cheio.

Talvez seja o fim.
Talvez já tenhamos passado muito do meio.
Talvez seja este mais um crepúsculo
e o nosso último passeio.

Canto do Sofrê

É de tarde aqui.
Por causa da chuva que virá,
mudou o canto do Sofrê.
A comunicação das aves faz sua cartografia no meu quintal.
No contraponto do verde monumental contra o azul celestial
se pode ver desenhado o feixe de rotas.
No terreiro tem fartura de ninhos:
um no pé do pingo de ouro, outro no cajueiro novo,
outro na pitangueira,
mais outro no ninho feito de bambu que Rodriguim inventou e me ofereceu,
mais outro no pé de ipê amarelo.
Suas pétalas são importantes no consumo nutricional da família do Sofrê,
para assim garantir o amarelo das asas.
(Meu Deus, que loucura que a coisa escrita fica.
Parece poesia o que eu disse, mas é matéria científica).

É de tarde aqui.
No reino de Itaúnas tem mais passarinho que no Espírito Santo todo.
E esse aqui apresentado tem todo o meu agrado
porque seu canto é comparado aos cantos humanos.
A afinação do Sofrê é surpreendente e produz melodia genial.
Tanto que há os que se arvoram
a lhe ensinar a cantar o nosso hino nacional.

"Canário", digo, cantor, de bom ouvido,
esse astro conhecido no coro dos passarinhos
faz coral no meu cantinho
e educa minha voz enquanto reparo no chão do jardim gramado.
Torna metafísica a minha vista,
mirando a farra dos alados diante do banquete de canjiquinha.

É de tarde.
Estou na minha.
Uso a minha voz como canto de alegria,
como canto de folia,
e bato o pé três vezes no chão do meu terreiro,
no contracanto da melancolia.

CAPÍTULO VII

Longe da cidade grande

Este país não é meu, nem vosso ainda, poeta.
mas será um dia país de todo homem.

Carlos Drummond Andrade

Árvore

Ainda estou traumatizada.
Vim aqui na esperança de me curar.
A democracia sofreu golpes na cara,
e a gente tão cansado de por ela lutar.
O presidente em questão
fez coisa errada pra ganhar esta eleição.
E se pudesse,
não queria que o Nordeste desse a sua opinião.
Sei que foi tudo armação:
depõe Dilma, prende Lula, pra que a franca falcatrua pudesse se concretizar.

Disse que vai liberar as armas
e afirmou que a ordem será matar.
Já entrou proibindo inteligência na arte,
e dos pobres foi logo tirando a cultura,
e os médicos cubanos
foram afastados das suas funções
cuidado e cura.
Tenho medo.
Racistas se sentem empoderados.
Homofóbicos se acham cheios de razão.
Nazistas se percebem escutados.
Misóginos compreendidos,

feminicidas, justiceiros.
Abusadores e torturadores disfarçados
de bons pastores se acham pessoas decentes.
Afinal são todos amigos do presidente.
Tenho medo do que será.
Sou do bloco quilombola da história
não negociarei minha liberdade,
nem meu pensamento crítico.
Lutaremos de novo.
Serão dias de ataques aos libertos, um a um.
Mas é bom espalhar que aqui em Itaúnas,
voto, mesmo teve só um.
Vila consciente, te amo!
Vim aqui restaurar o que a cidade escama.
Vim banhar meu romantismo,
acolher no inverno dela minha utopia.
Estou na roça,
virada numa menina e numa preta velha pensadora.
Me respeitem.
Esta árvore de raiz ao pé de mim,
é ela a própria rezadeira, tem força de orixá,.
e é também uma Baobá esta mangueira.

Lira interior

Chove na tarde prata.
A grama, as casas singelas,
as flores intactas.
As comidas fervendo cheirosas nas panelas,
e nenhum avião no céu.
Isso aqui é cidade pequena, vila poética, menestrel!
Não tem aqueles maus costumes, ganancias, urbanas,
o dinheiro e a obsessão que exerce sobre as pessoas
este simples pedaço de papel.
Nenzinha tem medo de chegar na cidade grande
e contrair, de cara, uma fulminante dor de cabeça.
"Dizem que lá, carro fica atrás, parado,
aperta uma buzina sem parar,
que não há mortal que mereça".
Tem razão.
A cidade estressa.

Esqueça.
Não vai pra cidade grande agora não, Nenzinha,
ela violenta a cabeça!

Eis me aqui

Vontade de ir pra minha casinha de sonho.
Vontade de ficar lá.
Fugida da guerra e a salvo como suponho.
Mas cadê que tenho coragem?
Vai que um cisco de covid
se oculta na bagagem e
e eu trago sem querer
o vírus pra minha aldeia?

Queria muito ir pra lá.
Hibernar.
Me disseram que este presidente
que nem liga pra doença na gente,
não teve nenhum voto lá.
Dizem que este ser inconsequente
nem quer saber a quem mais a doença contamina,
O homem tem mente assassina
e põe recursos federais
contra a ciência e a vacina.
Não.
Ficarei em casa
a prudência me ensina.

Tô fazendo este poema
porque sei que a palavra imagina
e por isso pode nos salvar.
Neste caso, eu só quero
na asa dela me transportar.

Pra isso o poema.
Preu poder voar.

7 voltas

Cláudio Valente tomou primeiro
um golinho só, da cachaça 7 voltas.
Cheirou o perfume do engenho servido no charmoso copinho,
passeou na boca o líquido aguardente,
bochechou como experiente conhecedor de vinhos,
aquela mistura de cana bem fermentada,
virou em seguida mais umas 6 goladas.
E nesta noite que já começara estrelada,
o homem nunca mais voltou pra casa.
Tinha sido o primeiro a rir do veneno.
Gostara do nome e seu engenho.
Por que puseram este título?
Que interessante,
exclamou gargalhando dentro da casinha de sonho,
nosso dionisíaco, poético e divertido amigo,
cuja história agora componho.
Cláudio Valente foi ultimamente visto
na boquinha da noite daquele fim de tarde.
Era dias depois do réveillon.

O mundo é grande e pequeno.

Quando a gente a vê-lo na manhã seguinte,
era já um homem com a camisa toda manchada,

mas coisa pintada, meio geométrica,
estampada,
mas era também como se um trator tivesse passado
e lhe deixado rajadas.

Ninguém sabe bem como foi,
nem como ele chegou, como voltou pra casa
e sobre que asas.
O encontramos dormindo na cama
como alguém que tivesse caído ali,
mas que não se importara nada nada com a queda,
e com ela, apesar dela, poeticamente andara.
Dormia profundamente,
regressado do seu giro intenso pelo mundo do qual jamais saberemos.
Dorme tranquilo e sereno.
Agora mesmo o poeta desperta e nos contará, inteiro,
das 7 voltas que dera em torno de si mesmo.

Veneno nas águas

Não consigo dormir.
Tenho medo daquilo que deslizava, sinuoso, invisível e subaquático,
sem que soubéssemos,
e que poderia matar a minha aldeia.
Tenho medo do que pode agora
estar envolvendo o mar
em sórdida trama química.
Medo do produto que os homens inventaram para produzir lucros,
ainda que isso nos custe a saúde dos rios e dos oceanos.

Preciso dos donos de tudo.
Orixás, conclamo forças a meu favor!
O que faremos se isso estiver chegando aqui,
nas águas do Rio Doce, nas águas do Rio Itaúnas?
Se isso chegar a nos atingir,
o que farão os pescadores, os quilombolas?
Quem os irá nutrir de alimento, de trabalho, de porvir?
Troco de lado,
procuro, no travesseiro, calor;
procuro no travesseiro o lado mais gelado.
Se esfriar a cabeça, talvez nada aconteça,
talvez seja só uma paranoia anticapitalista,
um trauma de estar tanto tempo

na mão de desenvolvimentistas predadores.
Ai, meu Deus, meu Deus,
quantas dores,
como cobras químicas,
serpentes criadas pelo homem,
serpentes do mal, criadas pelo homem.
Vejo seu ninho espalhado,
envenenando em veias tóxicas nossas águas,
matando peixes e toda a cadeia,
meu Deus, alimentar.
Isso vai nos matar.
Reage,
natureza,
se vinga,
é pra arregaçar!

Preciso dormir.
Ligar para o governador.
Tomar uma providência.
Organizar,
juntar a minha comunidade numa só voz.
Preciso dormir, Yemanjá,
Yemanjá, rainha.
Ó, mãe das cabeças, olhai por nós,
e descanse a minha.

Fogo nos racistas

Quando a gente entra na faculdade,
quando caímos no colo da educação,
quando temos a liberdade de escolher a profissão,
quando podemos seguir os sonhos banhados pela ilusão,
a gente bagunça o coreto,
a gente desorganiza a casa grande,
a gente fura os velhos esquemas,
a gente dá fundamento às oferendas.
A educação de um negro
é o que põe fogo nas fazendas.

Regalia

Não quero fazer nada.
Estou de camisola na cama,
significa que não faço mais nada.
De banho tomado, cheirosa,
limpinha, vou me curtindo.
Tirei a poeira das horas de mim.
Tirei o dia de mim.
Tirei o dia pra fazer muitas coisas e depois ainda tirei ele próprio de mim.
Tirei do dia o que só sujou,
os excessos de casca e pó.
Só.
A parte usada virou memória de corpo e alma.
Assim,
Lavei o dia de mim.
Lavai o dia de mim, ó céus?
Olha lá:
Lá vai o dia de mim!

Nesta noite quero ficar aqui dentro.
Guardada em fina liganete,
quero hibernar.
Me recolher no roncó de descansar o ori.
Cabeça no travesseiro,

respiração calma.
Não quero nenhum prazer ativo.
Esforços.
Não.
Só deixar-me rendida ao quarto tempo,
ou seja, o templo do relaxamento.
Entregar meu corpo ao ócio.
Importante.

Não é pessoal.
Eu te desejo,
eu te amo,
mas hoje estou tão cheia
que não cabe ninguém mais aqui.
É isso.
Não quero ninguém dentro de mim.
Hoje só a um livro é permitido
se deitar, e até dormir,
sobre mim.

Força do desejo

"Na minha bicicleta de recados, atravessando a madrugada dos poemas"
Manoel Alegre

Minha alma acordou querendo Itaúnas.
Querendo ir a pé até lá.
Querendo ir de bicicleta até chegar.
Minha alma tem vontades difíceis de se negar.
Mas hoje não dá.
Estou trocando de era
e ao mesmo tempo fazendo novela,
é muita coisa para administrar.
A vila simples e paradisíaca se embrenhou de tal modo em mim
que morro de saudade
do que sou quando estou ali.
O chão de terra arenosa, as estradas e montanhas de areia,
o rio margeando compondo a ciranda das águas:
o que não é rio é córrego, o que não é mangue é brejo,
o que não é brejo é mar.
Quero agora sobre mim
aquele vento invisível moldando as dunas,
movendo montanhas.
Os passarinhos, bandos e bandos de líricas orquestras.
Não sei se tem maestro.

É um bom serviço para Deus, um cara tão sensível.
Só pode ser ele, pois o negócio é bem afinadinho.
Que vontade de voar até lá, pousar.
Vontade de ir um pouquinho
ao reino daquela natureza.
Beleza.
Acabou que cheguei de mansinho.
Senão, como escreveria isto, assim, direitinho?

A bicicleta de minha alma
só conhece este caminho.

Longe da cidade grande

Dez dias aqui.
Parece que vim de joelhos. Necessitada
Parece que o caminho até aqui foi só subir íngreme ladeira.
O vento me recebe já na ponta da Vila,
a invisível porteira.

Agora que cheguei, vou aproveitar
os dias da vila só nas bases de sua raiz.
Suas tardes orquestradas pelo vento e pela correnteza
decidida, focada e muda.
O rio é esta serpente feita, de pedra, e água transparente.
cobra de água brilhante.
Daqui a pouco chegam os turistas
com seus carrões maiores que a vila.
Vêem os artistas, os românticos, aventureiros, viajantes,
escafandristas, pesquisadores de paraísos, mas entre estes
há predadores dentro dos indivíduos.
"Porra, que inferno,
ô areial danado essa Duna,
podiam muito bem asfaltar até a beira da praia".
Foi o que a turista de sapato alto e saia comprida disse, esbravejando,
enquanto atravessava a Duna, a rainha daqui, a respeitada.
Respeitada.

No caminho, a mulher jogou, na cara da natureza, uma garrafa vazia,
um pedaço de papel laminado,
dispensou ali o que não queria,
até o plástico da carteira do cigarro.
Depois correu da areia quente até o carro, sem noção,
já com saudade da tensão que ela chama de civilização.

CAPÍTULO VIII

fotogênica Poesia

Poesia é a arte de ver com as palavras uma outra realidade

Octávio Paz

Película

É domingo na aldeia.
O sol escolhe tons de aquarela para pintar a tela do dia.
No quintal as alamandas, as rosas, os sorrisos de Maria
brincam de dançar com o vento,
que beija também a Maria, sem vergonha,
mas com o consentimento dela.
Quem acorda em mim
tem vestidinho azul acinturado,
pernas finas espevitadas,
e oito anos de idade.
Meu pai já pintou a casa,
pois vai ser natal na minha ideia antiga de tranquilidade.
Uma família vai toda bonitinha à festa de batizado
que vai ter lá pras bandas do quilombo do Angeli.
Estou aqui,
atenta aos pássaros
e seus sofisticados vocalizes,
como se minha voz
fosse entrar a qualquer momento em precisão pura,
seguindo a partitura,
sem desativar o serviço lírico
dos Sanhaços e Sofrês
e Colibris em finíssima orquestra.

Não quero sair daqui.
Passa uma caçamba na ruazinha de terra
cheia de gente alegre e colorida,
Sentadinha em fileira
enquanto o caminhão
campeia levantando poeira.
Os mesmos cachorros desta costumeira imagem
dormem passivos no meio da rua,
sem medo dos carros, e, não sei como,
sem atrapalhar a passagem.
Tudo cintila na pequena vila.
Meu coração quer novas estreias,
ó felicidade,
não só ensaios.

Trazendo uma cesta de bijus frescos de amendoim
passa a preta Nely,
reluzente dentro
da saia do jongo,
modelo típico do Ticumbi.
Vai ter macarronada, galinha assada,
farofa e guaraná,
no almoço da casa de Dona Vení.

Toca o sino.

De algum lugar, minha família da infância
me sorri um sorriso carmim.
É domingo singelo e belo
na cidade pequena,
e essa paisagem,
ou melhor, este curta metragem,
passa dentro de mim.

Aos retratistas com amor

Aqui tem sempre alguém com seu olhar
pescando estéticas.
A vila oferece.
Aparece, grita, salta aos olhos do olhador.
Brilha o rio,
vibra a tarde,
o sol banha as dunas e o manguezal.
Variados seres de tempos em tempos
no sempre da vila eu vejo.
Homens e mulheres obstinados pela figura,
pelo retrato e pelas variedades de molduras que essas bandas têm.
A borboleta, a concha, a tartaruga, luas brotando do mar,
o sol se pondo nas dunas,
o beija-flor parado no ar.
Todos querem esse instante,
e cada instante se oferece a cada olhar.
A magia.
Isso é poesia.
Escrever com luz quer dizer fotografia.

Escrito nas estrelas

Enquanto você não chegava, passei o outono andando, olhando
para os lados,
pelas ruas,
pelas quebradas,
pra ver se topava
com meu determinado namorado.

Enquanto você não era chegado,
passei o inverno retrasado
sob um cobertor estampado,
querendo que aquele quente
fosse os braços do meu namorado.

Enquanto havia essa espera,
passei toda a outra primavera
querendo essa quimera
de abraçar pela manhã o meu amado.
Posso confessar então,
ter passado o verão
desejando os beijos
deste olhar encantado.

Outro outono veio,
encontrou-me no meio

do salão.
E o sonho surgiu no real,
num só bailado,
tudo tão conectado
que até parecia ilusão.

Passei o tempo passado
querendo este presente abençoado.

Pois quando veio,
como o imprevisível combinado,
chegou muito maior que o tempo
de uma estação,
e bem mais do
que um simples namorado.

Sem medo

É madrugada.
Vou pro forró de bicicleta.
Já passa da meia-noite.
Ouve-se uma sanfona ao longe sobre a vila quieta.
Posso pedalar sem medo.
Não tenho coragem de fazer isso na madrugada do Rio de Janeiro.
Um manto de estrelas cobre o campo de futebol,
a escola, a igrejinha.
É o som das rodas sob a areia da estradinha
que dá chão à minha consciência de que estou numa cidadezinha
exercendo a cidadania de pedalar de madrugada sozinha.
Que segurança.
Que pertencimento.
O cheiro de jasmim perfuma
e vem lá da frente da pousada Arco-íris.
Algum olho, que não sei, me vê.
A notícia corre rápido aqui.
Sozinho, sozinho ninguém nunca é.
E se alguém me vê, já somos dois.
É madrugada,
e faço de cabeça
esses versos simples,
versos feijão com arroz,
versos pedalantes que eu faço em pensamento,
versos que só escreverei depois.

MINUANO

Do mesmo povo

Me beijou demorado.
Percebendo que pronta para amar já tinha me deixado,
me tocou delicado e disse:
achei que era o mar.
Quando perguntei onde estava antes de me encontrar,
respondeu que já morava nos meus sonhos e desejos,
e que apenas demorou a chegar.
Agora é inverno.
Caminhamos de mãos dadas para a primavera sem ter medo de avançar.
Há algo em nós conhecido
que não sabemos direito identificar.
Acho que somos do mesmo povo
e tínhamos nos perdido do nosso lugar.
Agora, regressados ao país de nosso abraço,
quem poderá nos deter ou nos parar?

Me beijou demorado,
veio entrando em meu coração como num palácio
e, com muita intimidade,
entre os corredores caminha.
Quando me colheu no deserto,
focou no meu olhar inquieto,
chegou pra mim perto, muito perto

e, com a voz grave, quente e calminha,
me disse ao pé do ouvido:
Eis a minha rainha!
Agora, desde o dia desta hora,
nunca mais eu fui sozinha.
Quando na distância geográfica
pedi, com aquela saudade imensa,
deixando a alma perdida:
sonha comigo?
Respondeu:
Sonhei com você toda a minha vida!

Caminho de Oxóssi

Na trilha do Tamandaré sigo siderada, abduzida
por sua mata rainha.
Me segue uma borboleta
azul real com estamparia amarela.
Agora um bando delas se aproxima
e a inspiração não espera.
São páginas que voam
fugidas de um caderno de desenho
colorido de poesia.
É isso que aquele conjunto de borboletas parecia,
um pedaço de tecido de noite com estrelas
que por mim voasse à minha revelia.
Me infiltro no panapaná bonito
e penso que sou também, com meu biquíni enfeitado,
parte do grupo alado que sobrevoa o caminho do filho de Yemanjá.
Oxóssi, o rei das matas, o que vê.
Muitas areias envolvem os pés que nelas
se afundam na íngreme subida.
Vou pela florestinha na intenção do mar.
O caminho do dono da mata me oferece tudo:
sombra, sol, umidade, claridade e escuro.
Alguma planta cheira inebriante.
Qual será? De onde virá?

Um verde estala seu perfume no meu olfato.
Verde profundo,
essência pura do mato.
São notas originais de fato.
No cume da Duna já se pode ver ao longe o mar
depois do deserto.
Quem passa por este lugar sai acabado de se benzer,
curado de se banhar.
Passeio pelo caminho de folhas:
Ossain, Jurema, Ewá.
Estou pelas matas de Oxóssi,
guiada pelo filho de Yemanjá.
Sabe como é que é?
Na dúvida, siga a trilha do velho Tamandaré.

Double face

Sempre que se chega aqui, parece que é onde o mundo nunca vai acabar.
Eu poderia agora dizer o que vejo:
Jade é uma pretinha daqui nativa, mas vive lá e cá.
Quando volta, se refaz.
Aqui ela se espalha.
Aqui ela vem restaurar-se e o que é tribo cavalga nela com tranquilidade.
Em campo aberto.
Primeiro, sobe às dunas, eu vejo, e vai a caminho do mar.
O que se comemora agora, na pequena vila divina, é o vento nordeste.
Foi ele que, apesar de ver tão castigado o nosso norte capixaba,
o encantado litoral, não deixou que a lama tóxica por aqui se metesse.
Tudo aqui é decidido pelo vento.
Foi ele que construiu dunas sobre a antiga cidade.
É ele o saci, o menino sapeca que rouba os chapéus
e desestabiliza guarda-sóis,
É também mestre, protetor das nossas águas.
Está batendo bem o mar da Lua nova.
É um mar com o qual se deve ter cuidado.
A surpreendente força da lua nova, mais o fenômeno do El Niño
que o inverno de Nova York deixou sem neve praticamente,
propõem que sejamos cautelosos. Mas atrai surfistas.
Jade bebe água de coco, não tiro o olho dela.
Me disse que ontem o salão do forró estava pra ela.

Todo mundo a queria como par.
Um rapaz que dançou com ela falou no ouvido: mas que cheirosa, hein?!
Uma pretinha dessa lá no meu quilombo a gente não perdoa não.
A gente castiga.
Ela disse que ele falou "castiga" com uma cara muito safada e tão doce,
que castigo mesmo não ia ter nenhum.
Gosto muito de conversar com Jade, é boa companhia.
Ontem, me chamou para ir na casa dela de novo.
Fiquei boba de ver tanta flor lá: só de Buganvílias tem da amarela,
tem da lilás, da vermelha, da maravilha e da chá.
A mais rara é a amarela, dizem.
Foi uma muda que eu trouxe da rua, de uma casa lá perto do rio,
todo mundo fica bobo.
Essa da amarela acho que só eu que tenho aqui, me disse Jade.
Você é igual a mim, falei, adoro jardim.
Lá no Rio de Janeiro tem muda de tudo que é tipo que trago das viagens.
A de Maria-sem-vergonha da Chapada Diamantina,
das mãos de uma mulher chamada Ena.
Da casa de Adélia Prado trouxe três mudas de roseiras;
trouxe Lírio-do-brejo lá da fazenda do Fred e da Lacy.
É da natureza dos jardins a circulação, eu disse, rindo.
Me mostrou também vários canteirinhos com Onze-horas espalhadas entre Hibiscos,
Flamboyants, Mangueiras, Coqueiros, Pé de Laranja, Bananeira,
Laranja, de Limão, Goiaba. Araçaúna, Acerola, Pitanga.
Jade, você mora num paraíso!

É, quando não estou trabalhando fora venho para cá.
E me mostrou, num balde com água, mudas pegando raiz:
de Alfazema, de Hortelã,
de Tapete Persa e de Onze-horas azuis.
Um panapaná vem me seguindo quando vou deixando a casa de Jade,
depois de ouvirmos música e cantarmos.
Um clima.
Panapaná é o coletivo de borboletas
e essas eram amarelas listradas de preto.
Seu dourado combinava com os Pingos-de-Ouro
onde estavam pousadas antes de eu passar.
Jade disse: desde que cortei o velho Cajueiro tudo floriu aqui,
ele dava sombra demais,
você lembra que nem a casa direito a gente via?
Disse que sim com a cabeça.
O Cajueiro saiu e o sol entrou, a Mangueira que não dava nunca,
deu; a frágil Pitangueira que morava insuspeitada debaixo da galhada dele
ganhou viço, fortalecimento, independência, dando frutos deliciosos.
O outro pé, o jovem Cajueiro, começa a ocupar o posto Cajueiro pai.
Jade me disse isso, peguei minha bike pensando nos Pingos-de-ouro que são a parede do chuveiro dela.
É um chuveirinho meio selvagem com banho frio e quente no quintal,
onde os dias são azuis e as noites estreladas.
Vim pensando nela, vendo rastros de queimado e da língua no fogo sobre a nossa reserva florestal e quase choro.
(Ó, homem, por que secais o mundo se sempre terás sede?)
Pensando no velho Cajueiro, me enrolo na inevitável metáfora.

Lembro que a Jade tinha sofrido tanto porque ia ter de cortar o velho Cajueiro
antes que ele derrubasse a casa,
uma vez que já tinha começado o serviço no piso de fora.
E agora, só depois da sua morte
é que se nota que ele já não dava frutos há cinco anos ou mais,
que já tinha sido vítima da fúria dos cupins em várias partes do tronco principal
e das suas imensas galhadas,
e, sem que se notasse, dava excesso de sombra a tudo.
Ninguém sabia que sua saída ia deixar o sol entrar.
Você não acha que parece maior o terreno agora, Elisa?
Ela me perguntou no meio do jardim.
Que sim respondeu-lhe o meu sorriso.
Vou deslizando na minha bike, paro no rio,
Jade vai lá em casa hoje à noite,
o delicioso rio Itaúnas me olha e convida.
Ninguém pode saber o que é esse banho de rio sem vivê-lo.
Lindo, limpo, dourado,
com algumas vegetações saudáveis deslizando com a gente,
os pés pisando dentro da dourada água no seu incomparável chão de areia.
Parece um menino.
Muito bom de se brincar.
Sou peixe. Agora sou sereia. Agora boio. Sou a plantinha que sabe flutuar.
Três horas de rio, uma vida simples, uma riqueza.
Jade está na porta da minha casa quando retorno
e brinca distraída com a minha afilhada Juliana.

A menina linda de oito anos, com seus ares de indígena,
abre a palminha da mão com as moedas que lhe dei de manhã
e pede com olhos piedosos:
Madrinha, conta pra mim?
Eu? Eu disse, você já sabe somar, eu te ensinei a multiplicar, lembra?
Assombrosamente inocentes seus olhos me olham
enquanto ela pronuncia a frase que apertou meu coração:
É que ainda não estudei dinheiro, Dindinha.
Meus olhos se encheram de lágrimas.

Os de Jade choraram também.
Coisa mais linda é haver criança.
Ela tem razão, dinheiro exige estudo;
quanto vale um centavo ou trinta? Já viu coisa mais subjetiva?
Quis perguntar a Jade, mas não o fiz.
À noite já vai ter Reisado,
é o Lucas, filho do Macacaranha, quem faz tudo.
Confecciona chapéus floridos, ensaia e puxa jongos,
toca pandeiro, produz as fitas que cruzam as costas
e são coloridas e penduradas aos chapéus.
Vinte anos, e ele já sabe que costurando o presente aos grandes acervos do passado
se pode chegar a um futuro tão eternamente romântico
quanto eternamente nos parece ser a guerra.
De tarde, quando cheguei na casa da Jade,
esqueci de dizer, ela estava nua:

"Não repare, mas eu acho que para quem nasceu pelada,
a gente fica muito tempo vestida.
Está calor, estou na minha casa,
não sinto necessidade de me vestir com essa temperatura
e assim faço contato com a minha liberdade".
O curioso da casa dela é que era cheia de escritos, quase feita deles.
Só que não se notava logo, as cortinas pareciam cortinas, lindas, róseas, de cetim.
Mas pra quem chegava perto, eram páginas e o que era estampado eram frases.
O que de longe pareciam flores são letras.
Só de muito perto se notava que a casa de Jade era feita de palavras.
Agora estamos vendo o pôr do sol.
Muito lentamente a tarde se põe.
Sutil.
Estamos as duas em silêncio.
Uma Manga Espada cai no chão,
mas não era carta, não era naipe, nem carecia de muita leitura ou significação.
Nós duas sabíamos que era simples.
Um fruto maduro caindo no chão.
Jade. É meio doidinha, mas eu gosto dela.
Escuta comigo as canções,
me ajuda a decorar as letras,
escuta comigo o canto do Sofrê,
pássaro lindo do peito laranja que canta uma melodia diferente em nossos quintais.
Vejo uma vila cheirando a fogão de lenha,
e eis um ser humano em dupla face desfrutando de sua própria companhia.

Agora,
já quase anoiteceu, surge no céu a primeira estrela;
aquela pequenininha que no mesmo céu já se acendeu.
É hora de confessar,
Jade sou eu.

Destino

Porque tu chegaste como eu sonhei
e eu não estava te esperando,
já não te procuro nos pântanos.
Confio nas estações.
Não há bosques que eu não tenha percorrido em seu nome, amor.
Mas não sabia que te procurava.
Só vasculhava os templos da natureza,
passava em revista as belezas,
atinava bem o olhar no nevoeiro
de pétalas dos jardins para ver se te achava.

Porque tu chegaste na noite alta, inesperada,
ao meu lado e sobre mim,
no meio da música, destinado,
porque tu chegaste como eu sonhei,
na hora certa,
nem adiantado,
nem com atraso –
por causa disso
é que sou devota do acaso.

Telas

Vejo o mundo
como um cinema.
Sempre disse isso.
Enxergo a dramaturgia.
Enquanto eu dormia
no apagamento da anestesia,
fizeram o que precisavam e o que quiseram durante a cirurgia.
Não era novela.
Tudo verdade.
Me cortaram.
Costuraram.
Pregaram por dentro uma tela.

Agora não é só metáfora.

Veja

Ele para.
Ele mira.
Ele intui.
Ele vê.
Mesmo quando não clica.
Flagra,
pesca,
guarda,
transvê.

Escrevo fotografando o fotógrafo.
Isso ele quase nunca vê.

Álbum Sensorial

Pleno de materialidade,
denso e efêmero como é o cheiro eterno da novidade,
exala de um pedaço do caminho do passeio nesta manhã de inverno,
um aroma que traz dentro
uma felicidade que vivi algures.
Quase bálsamo, uma loucura.
Um cheiro de aventura, uma lembrança breve
de uma inquietação adolescente no peito.
Um jeito de ar que me leva para as praias de Jacaraípe,
as matinês nossas no clube,
como se ainda pudesse voltar.
Os cheiros transcendem.
Um dia abri a gaveta e uma roupa trouxe
o mesmo perfume de guardado específico
que tinham lá em casa,
especialmente os tecidos:
retalhos, metragens, e as fantasias dos carnavais passados
que bordam por sobre a própria essência um tempo de alegria vivido.
Há fragrâncias que me beijam quando por mim passam ligeiras.
Para onde vão?
Rastro, Colônia Regina, Alfazema Garrão, Almíscar Selvagem.
As notas de cada um desses extratos
fazem em meu coração
a mesma euforia que me trazem certos retratos.

CAPÍTULO IX

Toque de Brisa

Queria transformar o vento.
Dar ao vento uma forma concreta e apta a foto.
Eu precisava pelo menos de enxergar uma parte física do vento:
uma costela, o olho...
Mas a forma do vento me fugia que nem as
formas
de uma voz.

Manoel Barros.

Passageira

Sou brisa, passo, voo.
Plano.
Borboleta invisível, esse é meu jeito,
e por isso é sem querer.
Sou brisa.
Se fico, não passo.
Se passo, é para não morrer.

Cabeça de vento

Pé de vento, pastel de vento.
A mão do vento, o som do vento,
a cara do vento.
Todos veem o ser, o chapéu, o ornamento.
Vi dizer que existe até quem acha no vento
motivo de apaixonamento.
Fico sentindo pensamento solto,
fumaça.
Fumaça indígena na mente.
Vou passeando com minha cabeça livre no tempo.
Cabeça de vento.

O sopro da vida

É manhã nova.
Espalha-se a luz que nomeia os dias sobre o meu jardim.
Vou ao mato de Oxóssi respirar verde ar.
É manhã nova.
Viver é respirar.

A lição

Pai, posso brincar de terra?
Perguntou inocente ao homem adulto a menina Luanda.
Claro.
Disse, displicente, focado no telefone celular.
Ela queria brincar de terra.
Ela queria o amor com o planeta,
ela queria brincar com todas as letras
das águas do céu, do sol, do sal, do ar,
ela queria brincar também de mar.
Queria ensinar ao adulto.
Cuidado pra não se sujar,
disse o pai com os olhos na tela sem pra ela olhar.
No reino das dunas de areia,
queria brincar de sereia
na casa de ouro e de conchas de Yemanjá.
A sua vozinha na tarde pedindo ao pai para autorizar seus ofícios me comoveu.
A criança se fazendo ainda em gente queria ensinar.
Mas não aconteceu
o homem feito não entendeu.

Estrela da noite

Ó, estrelada noite,
não me diga nada.
Quero só o presente que a memória traga,
fumaça do que vivemos,
purpurina de nossa linda estrada.

Até amanhã,
ó, estrela Dalva.

Felicidade

Era de tarde
e era uma luz sobre nós dois
na sombra do sofá.
Era macio seu peito,
era sua mão no meu cabelo,
era aquela hora nunca mais passar.
Era aquela fumaça,
era a magia daquele olhar.

Era aquela declaração
nas poucas palavras a nos enfeitar.
Era aquele beijo quente
que coube exato e rente dentro do instante,
era a beleza daquele durante
a nos iluminar.
Era infinita,
mas era passante
aquela brisa daquele momento
lindo e secular.
Era nós dois.
Era aquela tarde nunca mais acabar.

Gesto de brisa

Como um gesto, um toque, um roçar,
como um carinho, um piscar, um breve profundo olhar,
ela passa, me toca, e nunca para.
Presença andante,
caminhante evento,
filha caçula do vento,
inesquecível onda que vive no ar.
Sabe ser volátil,
sabe passar.
Tanto em dia claro
quanto em tarde turva.
Sabe ser beijo.
sabe ser tapa de luva.

Tempo presente

Existimos no presente,
é um presente do tempo.
O hoje é tudo e isso basta.
Ainda bem que ele chega,
ainda bem que ele fica,
ainda bem que ele passa.

Amor na casinha itaunense

Quando você me pega pela cintura,
me entrego toda, meu homem,
minha formosura.
Quando me olha com tanta doçura,
lágrimas nos olhos,
revelando a vida doida difícil e dura,
eu só quero é nós dois embolados de desejo
no ninho delicioso das criaturas.

Salve os erês!

— Alô, vovó, o que aconteceu?
Eu ia dizendo isso, segurando ao pé do ouvido o pezinho do pequeno,
brincando de fazer dessa parte de seu corpinho um telefone meu.
E funcionou.
— O que sua vovó disse? Perguntou o inocente.
Ela avisou que tá chovendo estrelas e meteoros no quintal,
vamos lá buscar?
Foi comigo sem titubear.
Fui criança com ele, meu amorzinho de quatro anos.
Delirando pelo quintal, juntando meteoros na euforia das galáxias
que se espalhavam na grama,
trazendo dúzias e dúzias de estrelas nas mãos.
Uma maravilha,
olha essa, como brilha!
Ai, essa queimou minha mão!
Entrei no mundo do encantamento
no portal da imaginação
que honra esse fim de tarde na vila –
nossa brincadeira na rede.
Do mundo mágico das crianças tenho precisão e sede.
Agradeço a minha avó por ter ligado para o pé dele.

Quando se vibra no mundo da criança,
o que aumenta sem tamanho é a lavoura da esperança.

Onde a passageira habita

A brisa monta comigo
minha bicicleta
e segue estrada leve nesta vida.
Me acompanha serenamente e comigo pedala desapercebida.
Voa discreta em minha companhia,
pousando sobre mim a asa distraída.

Brisa, pássaro invisível,
dengo do ar, seu elemento,
gesto sem maldade ou mau pensamento
que beija pobres e ricos,
que sopra a testa de toda a humanidade,
traz o alívio efêmero
para toda espécie de sofrimento:
seja saudade, tristeza, calor excessivo, um ralado, um ferimento.

Pela estrada de areia amarela
a brisa me acompanha quieta.
Acalma meus sentimentos
fora e dentro de minha cabeça,
viaja suave, cumprindo sonhos e metas.
A brisa pode ser passageira,
mas não sai das canções dos poetas.

CAPÍTULO X

Quem vigia o poeta

A noite está tépida.
O céu já está salpicado de estrelas.
Eu que sou exótica,
gostaria de recortar um pedaço do céu
para fazer um vestido.

Carolina Maria de Jesus

"Eu passarinho"

É de manhã.
Acordei com saudade do meu poema.
Desde os primeiros,
aqueles adolescentes versos
das primeiras revoluções.
Acordei com saudade de mergulhar palavras na imersão das águas,
na bacia dos sentidos,
na baía dos dias,
nas bainhas das horas
e brincar poemas,
descobrir poemas,
banhar poemas,
pescar poemas no grande mar da vida.

Acordei assim.
Inspirada e decidida.

Querendo embarcar em poemas,
Remar poemas.
Acordei com saudade
destas cenas.
Por isso trago nas mãos

este doce pássaro que me acena
com seu bico de pena.

Aproveitamento

Amores perdidos dão grandes poemas.
Ficam ali eternizados porque quisemos que eles não partissem,
ou, ao partirem, nos ensinaram tanto que não dá para os desmembrarmos
da bonança que acabam sendo.
É assim.
Na poesia a dor vai cedendo
e ali também serve pra esticar o amor pequeno,
pra caprichar no tempo da ilusão.
Quando gastamos grandes períodos
cheios de adjetivos para o que não atravessará o oceano,
talvez tenha sido só excesso de fome.

Amor é Orixá que come.

Muitas vezes no poema some o nome,
o motivo da inspiração.
Oculto na palavra amor
ele sobrevive,
anônimo e vitorioso.
Não fosse o poema
o pobre sentimento do amor acabado seria lembrado talvez pelo seu fim, sem final glorioso.
Mas a poesia é grata à sua musa inspiração,
a poesia é grata, tem consideração.

E tece seu novelo tanto para o amor que se renova
quanto ao que jamais pede perdão.

Versos se acumulam para solfejar saudades
ou disparar barbaridades sobre o ex-amor.
Não importa.
É um tear no tatame do amor.
E a renda da página que faz render a dor
também afia suas asas
para a chegada do novo amor

A poeta criadora da vida

a Roseana Murray

Meu coração nem sabe o que vai acontecer e já palpita.
Só sabe que vai escrever, mas não exatamente o quê.
Só sei que o poema só pode dizer:
quem pode explicar o poeta?
A que me toma toda agora é aquela que foi atacada por 3 iradas feras
e lutou com elas.
Heroicamente, entre muito sangue horror
ela protegeu a vida.
Afinal,
eram desesperados cães,
3 irritadas bocas desnutridas,
3 arcas definitivas como a de tubarões.
Escapou de todas as letais mordidas,
intuitiva e inteligentemente,
e renasceu ainda mais querida
aos olhos da gente.
Quem soube do fato pensou sentir a dor imensa só pelo relato.
No entanto só quem a viveu realmente
e tem notícias frescas do inferno,
onde certamente cismou de encontrar uma ponta de céu,
pode trazê-las traduzidas para a humanidade...
Roseana Murray.

Guardem para sempre este nome,
quem conhecia o tamanho de sua força?
Quem numa hipótese desta inimaginável cena
apostaria em sua salvação pela força física?
Quem teria tal coragem?
Quem de nós?
Quem de medo e pavor não perderia os sentidos
só pelo susto de ser carnificinamente atingido?

O espanto maior é que
estamos falando da rainha da delicadeza,
a interlocutora das crianças,
a anfitriã das tardes de literatura oral em seu quintal,
a bordadeira do diário da montanha,
o que é que há?
Quem iria apostar que a fina haste
sobrevivesse a um concluo de venenosos dentes de indistincionáveis mandíbulas?
Pouca gente volta da beira da morte.
Pouca gente vai assim tão perto da ida
e fica na vida.
Vemos uma ressuscitação ali, não se duvida.
Perdeu o membro superior direito,
e quem apostaria na resistência da lira?
Tendo vivido entre metáforas,
a gladiadora conhecia bem os delírios,

as imensas arenas em duros
embates com os seus fantasmas,
os medos,
as angústias de uma alma.
Feras indomadas sim, mas outra parada.
Agora, passada
a trama da violenta tragédia não anunciada,
uma flor nasce no asfalto e emerge
da dor um livro novo,
e nasce do trauma, uma criação.
Muitos a lerão.
Espantará valentões a história desta corajosa saga.
A poeta escreve O braço mágico,
e declara amor ao seu fantasma.

Poesia

Dentro de mim,
como uma joia sobre a mesa,
como uma espécie de riqueza,
vive dentro de mim
essa casa acesa.

A contadora

Eu hein.
Tô que conto estrelas.
Cheguei agora no número 203,
e vejo que, quanto mais eu vejo umas,
mais outras se mostram.
Ora, direis contar estrelas?
A impossível missão?
A desacreditada tonteria?

Ora, não me importa, cidadão.
Sabeis qual é a minha alegria?
Contar estrelas com inexatidão,
sabedora de que é feita de imensidão
a utopia.

A criaturinha

Ontem mesmo vi um poeminha novo se perder no mangue.
Ainda nem cheguei a dar-lhe feitio…
Mergulhara entre os verdes amarronzados
e descera entre raízes, sapos, jacarés, igarapés.
Partira numa destas balsas ilhas que deslizam no espelho do rio
diante da face da noite para desaparecerem no mistério.
Meu poeminha criança foi mesmo
embora no mangue, é sério.
Distraí-me.
Soltei sua mão, entretida que eu estava na modinha
que o vento soprava, que rapidamente me levara
a um canto da alma da trilha lá no filme da infância,
este país vivido e inventado.
Minha poesia
tem andado meio de lado,
se extravia,
mas toda trilha é achado.
Vou com ela pro serrado, pro fado, pro gingado,
pro piseiro, pro xaxado, pro funk, pro banheiro.
Hoje, com olhar no pântano e a melodia dos ventos, pássaros e grilos nos ouvidos,
meu poema ficou perdido.
Está sem rumo,
desprendeu-se antes,

muito antes de estar pronto e,
ao mergulhar na lama, foi se fazendo na estrada.
Isso foi ontem, mas, ao escrever, aqui parte de mim
se deteve à beira do convés daquela hora.
Vou me embora.
Soube que o precoce bichinho emaranhou-se nuns versos e foi visto agorinha,
empinando uma pipa no céu das coisas,
enquanto cantava alegre, manobrando a linha.

Outras linhas aparecem
formando o caminho de terra,
a estradinha também nova,
por onde agora andará o poeminha.

Desobediente

Não fale,
nada responda,
não questione,
não discorde,
não pergunte,
não deságue,
não desabafe,
não reaja,
não se defenda.
Aguenta firme.
Não chore.

Deitam as ordens,
mas com o tempo a vida ensina
que calar não vale a pena.
Toda lágrima deve virar palavra.
Toda lágrima deve virar poema.

O papel

Quando eu não estiver mais
por estas bandas da vida,
gostaria que minha obra, minhas palavras,
as coisas que resultaram de minha lira e lida
fossem cuidadas por Juliano Gomes e Geovana Pires,
para que,
o que houver de água e comida aqui,
possa hidratar o outro,
alimentar o outro,
e mais os que hão de vir
depois de mim.

Passou por aqui este pensamento
nesta hora calma de uma noite satisfeita e morna,
lençol de pérola cetim.
Passou o pensamento honesto diante da verdade da morte certa.
Sem morbidez.
E a ideia me deu alento.

Queria que um poema valesse como testamento.

Poema da manhã nova

É manhã nova.
Bordo palavras em meu paninho branco de prato
que uso pra enxugar todo tipo de pranto.
Do pranto que aqui dentro havia até o pranto da pia.
Bordo com linha verde e ponto corrente
as pétalas das florezinhas e rebordo as hastes com ponto atrás.
Algum homem me leria e me perguntaria:
o que é ponto corrente?
Saberia?
Torço para que sim,
pois provavelmente com ele me casaria.

É manhã nova.
Quem saberia que faço esses versos enquanto bordo o paninho de prato no meu colo?
Quando será que essa preciosa ação parou de ser o tesouro de um momento, a beleza da vida?
Quando?
Que invento terá ocupado o lugar desta riqueza?
É mais rico agora quem dirige o seu blindado carrão, todo no esquema,
ou eu que em caderno de invisível ouro bordo em manhã nova este poema?

COMUNIDADE DAS

Quem vigia o vigia?

O dia todo a casa
dá pra rua.
Sua porta está aberta para a realidade,
e confortavelmente posta
na metáfora mais simples.
Dorme em tal bojo.
Repousa.
Nada ameaça.
Não há perigo.
Ninguém teme a porta aberta.
Ninguém lembra do faroeste das grandes cidades interferindo na paz
do que deve ser abrigo.
É muito cedo.
O amor dorme.
Estou dentro da casinha,
a reluzente.
Iluminada pelo sol e pela noite,
a "casa mora", disse a poeta mineira
em sábia leitura amorosa.
Concordo.
Pássaros a preferem para seus pios.
Solos alternados saltitam na imensidão harmoniosa da refinada orquestra.
E tem mais esta:

as árvores, território livre dos ninhos,
brotadas de um gramado tapete variado,
vão enfeitando tudo
por entre o bordado de Onze Horas, a flor,
e outros milagres em pétalas.
Coisa nobre do sagrado enraizada desde a terra profunda
que fica embaixo do que chamamos jardim.

Ô meu deus, não minto agora.
Juro.
Não inventei palavra longe do que vejo aqui. Sou fiel.
Digo a verdade sim.
Estou sozinha anotando
o que vejo pela porta aberta.
Quem testemunhará por mim?
Escrevo na manhã roceira,
entre cantos de galo e de mar,
conjunto de sons a que chamam silêncio.
Todos dormem
Um beija flor pela janela vejo beijando a flor.
Acordada dentro da morada,
escrevo quieta.
Ninguém vigia o poeta.

CAPÍTULO XI

Alma Ticumbi as lições da aldeia

Meus saberes de cidade serviam para quê?
Aqueles caminhos tinham serviços que não eram
os mesmos das ruas urbanas: Pareciam feitos
apenas para passarem sonhos e poentes.

Mia Couto

Rolê

Vou de bike.
Parece uma câmera, um filme, um travelling.
Num só passeio vi Ritinha, Macacaranha, Itamar,
Marcinha do Parque, Tempero, Rodriguin, Todinho, Kelly, Valéria,
Geovani, Kika, Lécio, Uriel, Cleusa, Cássio, Dandara, Celsão...
Ainda cruzei com Martinha na estradinha de chão, que parou e disse então:
"Como você está bonita, minha amiga,
como a vida pulsa em você. Verdade, não é brincadeira não".
As palavras da amável vizinha foram minhas aliadas para subir a duna
com mais facilidade, e sentindo a vida ali, inteirinha.
As pernas cavalgam o areial com a habilidade dos camelos.
É meio-dia.
O sol escaldante não tira minhas forças,
nem a agilidade dos tornozelos.
É ancestral a potência, creio.
Sigo a linhagem de meu pai, que, aos 84, escalou a duna com a gente.
Todo mundo atento ao velhinho,
sob um sol inclemente.
A risadaria foi geral quando, ao fim do esforço
que exerceu sem dificuldade aparente, exclamou de repente:
"Engraçado, essas dunas, me parece, sei lá, que diminuíram de tamanho,
vocês não acham não, gente?!".

Meu pai querido,
sigo teus passos, caminhante nesta vida reluzente,
sabedora de que não há outra fortuna
senão a dos afetos
e da própria natureza regente.

Meu pensamento está biruta, intermitente,
corre pra lá e pra cá.
Estou feliz.
Colírio:
daqui onde estou já se pode ver o mar!
A estupenda paisagem
depois que se atravessa o deserto!
É bonita de endoidar.
É agora, olha lá.
Você pode ver?
É o azul do mar.
Ao fundo, a régua perfeita,
num tom mais escuro, parecendo acabado de riscar.
E antes, um turquesa desconcertante, eu juro.
São as riquezas de cá.
São as pratas e os ouros de Yemanjá.

Pela estrada afora

O caminho para Riacho Doce
parece o caminho da vida.
Tem parada, saída, chegada, partida.
Lama, pedregulho, areia, lombada,
pistas laterais deslizantes e atalhos sem saídas.
A qualquer instante, meu cavalinho duas rodas
pode topar com uma curva, uma cobra,
uma poeirada na cara de algum passante apressado
no seu caminhão levantador do pó da estrada.
Meus olhos viajantes aguentam.

Foi aqui que ouvi uma manga cair e parei ali.
Há muitas no chão, sugadas pelos beijos dos morcegos
que, como eu, também apreciam seu suco.
A minha me espera ao pé do tronco, rente ao chão.
A orquestra sonora dos eucaliptos me soa africanidades.
Quero ficar aqui presa no gume desta tarde e não quero que acabe.
O que é aquilo que vejo ao longe a atravessar?
A mãe, o pai, a filhinha?
Uma familiazinha de tamanduás!
Parei por respeito.
Era meu dever respeitar o direito da linda
matilha existir e de por mim passar.

O caminho para Riacho Doce parece com a vida,
tem curvas sinuosas,
encruzilhadas parecidas.
Dá fome o pedalar,
mas tem a comida de Mara quando chegar lá,
e o jeito Celsão moderno de divulgar.
Na placa, o anúncio é claro e visível:
"Pousada do Celsão, a comida da Mara é horrível!".
Lá vou eu, que a fome aperta.
Lá vou eu, com minha bicicleta pedalando na floresta,
pensando versos para depois anotar.
Passa Januária na garupa de Firmino,
a cintura de ouro fino, o calor de se abraçar.
Vão de moto pela estrada de terra,
enfrentando morro e pedra,
inventando atalhos para chegar.
Parece o caminho da vida,
tem encontro, desencontro,
tem ninguém na estrada, e tem também despedida.
Tem cansaço, animação, desesperança
e confiança nos quilômetros que faltam.
Parece o caminho da vida,
tem a presença de cada estação,
mas nessa que escrevo agora é verão.
Está perto a linha de chegada.

Já vejo meu amigo abrindo a porteira de madeira cercada
para meu cavalinho Caloi passar.
Na estrada da vida tem chuva,
tem desabrigo,
tem perdão,
tem defeito,
tem amigo,
tem perigo,
tem ajudante,
tem cigana,
tem saci,
tem imaginação,
tem medos ambulantes.
Agarrada na coragem, vim vencendo essa viagem
na qual quase cheguei à Bahia.
Parece a estrada da vida,
ao mesmo tempo em que alaga,
atola e nos desafia,
ao mesmo tempo é poesia.

Explicador da natureza

A Rodrigo Damasio

Quem pode explicar este vizinho?
Sabedor de que moro longe
e testemunha de belezas que não podem me esperar voltar,
ele fotografa meu pé de ipê florido,
caso eu não esteja por lá,
e manda pra mim a imagem, para a minha alma poder voar.
Entende de céu, de peixe,
de maré, alta, baixa e até de uma tal de maré-oscilação.
E quando a gente percebe, no meio da prosa,
já se está tendo aula de constelação.
Meu vizinho tem coração bom.
Isso é maior do que ele.
É guerreiro. Calmo, discreto, insuspeitável, mas guerreiro.
A natureza é sua respiração.
Quer a saúde do rio, da sua vegetação.
"Ninga é o nome da planta que faz, na margem, ornamentação",
diz isso e toca a remar o pequeno bote lentamente,
embarcação serena onde costuma com o rio namorar.
Passa noites ao luar.
Estuda tudo.
Tudo é pescar.
A mulher se preocupa na madrugada
e ele a navegar.

Corre o risco de não voltar?
O coração dela aperta só de pensar.
Fabrica casa de passarinho,
é marceneiro do ar.
Sabe até os modelos que cada bichinho prefere.
E a coisa fica bem feitinha, pra ninguém reclamar.
Ô, Rodriguin,
já dois passarinhos fizeram nelas ninhos.
Posso então encomendar:
você me faria mais dois "mimos"?
Quero oferecer aos amigos
essa sua singela engenharia –
quanto custaria?
— Ô, minha vizinha, querer por isso algo em troca?
Imagina;
Eu querer pelas casinhas algo em troca?
Isso eu jamais poderia.
Vou te dizê exatamente do que se trata:
se eu te cobrá estes niin, uspassarin me mata.

Chove.
Mas não é lá fora que chove.
É Rodriguin que me comove.

Pedido à tarde

Ó, cidade pequena,
caixinha de música, poema do meu coração,
te quero assim.
Fica.
Me permaneça aqui.
Nessa paisagem,
nesse cachorro de sono tranquilo no meio da rua.
Quais são suas certezas?
O que não o assusta?
Ó, ruinha empoçada da lama da chuva,
me adivinhas?
Até o cemitério é criancinha.
É inocente,
parece seminovo e pouco usado.

Ô, cidade poema.
Amanhã é feriado e vão chegar os seus admiradores.
Só que há, entre esses, disfarçados predadores.
Fecha a cidade, senhor Vento!
Para os intrusos, crie constrangimentos,
e só deixa passar quem tem amor como documento.
Que pare, agora, a tarde.
Fica tudo assim aqui.

Guardado dentro.
Fecha a cidade, senhor Vento!

Por muito tempo, eu não quis asfalto,
a divulgação do paraíso para os velozes e furiosos da cidade grande.
Na sequência, lembrei dos meus amigos daqui,
levando filhos, fazendo compras, os valentes comerciantes;
mais adiante, me lembrei dos produtores na estrada ruim,
trazendo os frutos para a gente comer.
Fui egoísta em pensar assim, nada a ver.

Ô, cidadezinha pequena,
te quero minha.
Sem ninguém jogando plástico,
envenenando o mar, as aves e os peixes,
brochando a estrutura do poema.
Quero este agora, este presente,
antes de chegarem os predadores.

O dia está encantado,
as crianças brincando no rio à toda hora,
e eu pedindo a esta tarde: demora.

Ticumbi

Quer saber quem é você?
Pergunte ao rei do Congo.
Convoque o Secretário.
Vem descendo o rio,
cada barco enfeitado,
são pétalas de crepom,
bandeiras do reisado,
do jongo e do congado.
O chapéu florido, a luta, a tribo, a fincada do mastro
dos homens vestidos com renda, sianinha e metros de fitas.
O que é do feminino? O que é do masculino?
Na cultura, o que é o ouro? O que é fortuna?
Na cultura, o que é verdade? O que é vertigem? O que é loucura?
As mulheres requebram o jongo na minha cabeça
e desconstroem as teorias brancas sobre nós,
levantam a poeira do chão e fazem um desenho de terra na barra da saia.
Venho de muito longe, atravessei desertos,
sou do Sudão, confesso.
"Sou negro, meus avós foram queimados pelo sol da África",
me confirma o poeta Solano Trindade.
Meu nariz é de camelo.
Suporto sóis escaldantes, o brilho do meio-dia sobre a cabeça.
Não esqueça:

dentro de mim mora uma indígena que, se não toma sol, morre.
Perde o sagrado dela.
Perde o direito aos raios.
Marca os pés pretos na areia bege a África que move minhas travessias
e exibe músculos que não temem seus lençóis.
Estou tramada.
Existe uma aldeia que se chama de vila
e que é uma faculdade a ser desvendada.
No espelho da natureza quero saber quem sou,
que é pra eu escrever no meu diário.

Responde, ó rei do Congo!
Provoca, ó Secretário.

A receita

O médico me recomendou que não interrompesse
o tratamento sob hipótese alguma.
Doses diárias de dunas, rio e mar.
São medicações que não podem me faltar.
Estou como nativa.
Estou nativa.
Acho que os homens da Vila estão me achando gostosa,
mas eu só namoro o sol e meu sonho de amor.
Foi o médico que recomendou.

Meu São Longuinho

São Longuinho,
São Longuinho,
por favor diga que sim,
encontre um jardineiro
que seja perfeito pro meu jardim.

Achou meu passaporte,
a fitinha do Bonfim,
minha estrela do norte,
e o vinil de Tom Jobim.

Quando encontrar, já prometi
três gritinhos,
tres pulinhos,
pra São Longuinho,
pra São Longuinho.

É três gritin,
é três pulin,
pra São Longuinho,
pra São Longuinho,
pra São Longuinho.

São Longuinho,
São Longuinho,
cadê o boldinho bom
que eu mesma escondi de mim?

Carta ao jardineiro 2

Amo o homem bom.
A coisa que pode ser mais bonita
no homem é o seu coração.
Um perigo para o meu.
Irresistível.
Coisa que imediatamente na minha alma ecoa
é o rebanho de emanações que costuma vir de uma pessoa boa.
Incrível.
Sol ambulante iluminando
discretamente a paisagem, limpando os ares.
saltando com leveza os muros.
Como lhe cai bem o olhar puro, não imaturo.
Como é bonita a disposição pra trabalhar.
A dignidade de ser justo.
A tranquilidade de não roubar.
A valentia de não se vender.
A coragem de ser um homem amoroso
em meio às atrocidades impregnadas no arcabouço masculino demodê,
do caquético patriarcado atrasado
em relação aos avanços do viver.
Como é bonito o coração honesto estendido
urgente no peito,
querendo só ser.

Não que não seja também errante mas tem a não-guerra
no propósito este doce caminhante.
O coração exposto
erguido em silêncio e ao alto,
tal qual uma bandeira da paz
hasteada na luminosa tarde.
Ô meu deus, o quanto de pintura há na literatura!
Rebrilha na minha frente
este homem fortuna.
Riqueza que compartilha
sem ninguém poder roubar.
É fonte para uso dos irmãos
que seguem sobre o chão,
cada um para algum lugar.

Que cerimônia:
O homem está lindo aqui,
todo de branco, à minha frente
estampado na sacada da memória,
exatamente diante da entrada da
da varanda florida que
construí na minha mente.
Seus olhos derramam bondade ingênua e inteligente,
meu peito tremula,
porque tudo é tão envolvente.

Chegou o dono do caderno de minha alma.
Que vistoso.
O olhar me sorri com calma.
Miúdos olhos profundos.
Para ele, viver é poder ser bom.
Querer prestar.
Ter vergonha de maltratar seja qualquer pessoa, qualquer:
um outro homem,
criança, mãe, irmã, mulher.
Bonito vê-lo raiar cidadão,
ter compaixão pelo mundo inteiro,
espalhar ervas de bondade em mudas sobre os canteiros,
ser do mundo jardineiro e
apanhar infinitos com a mão.

A coisa mais bonita num homem
é o coração bão.

Vou-me embora para Itaúnas!

Não me venham
com luxos,
ostentações,
viciosos ansiolíticos,
previsíveis passeios,
caras lanchas dando voltas tontas pelas mesmas tristes ilhas,
não me venham com aqueles
tediosos passeios de escuna.
Não.
Quero apenas
o reino simples de Itaúnas
e sua sofisticada grandeza
de areia, água e espuma.
Ali estou na clínica de recuperação:
rio, sol, sal, mar e vento
sobre as dunas,
na melhor ala
do hospital da natureza.

Lá, tomo
doses diárias
dos quatro elementos,
ervas de cura,

invisíveis unguentos
para uma criatura
que vê no mato
a imensurável riqueza.
Lá fico logo logo boa.

Imersa nessa grandeza,
tomo esses remédios da natureza
controlados pela beleza.

Esta obra foi produzida em Arno Pro Light 13 e impressa em papel pólen bold 90 na gráfica Trio Digital para a Editora Malê em abril de 2025.